Die Schriften der Essener – Buch 2

Über das Buch

Dieses bedeutende vor- und außerbiblische Evangelium der Essener-Bruderschaft vom Toten Meer enthält die Überlieferungen der esoterischen Lehren von Moses, die ursprüngliche Fassung der Bergpredigt, die Offenbarungen des Johannes und das Johannes-Evangelium in seiner Urfassung. Diese Texte sowie die Überlieferungen des Begründers der Essener-Bruderschaft werfen nicht nur ein neues Licht auf die im Neuen Testament zu findenden Gleichnisse von Jesus Christus, sondern laden zu einer besonderen Art der Kontemplation und Annahme der Kräfte der Natur ein.

Über den Autor

Dr. Edmond Bordeaux Székely promovierte als Philologe an der Universität von Paris und erhielt Auszeichnungen von den Universitäten in Wien und Leipzig. Er hatte eine Professur für Philosophie und Experimentelle Psychologie an der Universität von Klausenburg (Cluj), Siebenbürgen (Rumänien). Außer seinen gelehrten Kenntnissen von Sanskrit, Aramäisch, Griechisch und Latein sprach Dr. Székely zehn moderne Sprachen. Seine wichtigsten Übersetzungen sind die ausgewählten Texte der Schriftrollen vom Toten Meer und die Evangelien der Essener. Insgesamt hat er über 70 Bücher über Philosophie, die Lehren der Essener und alte Kulturen geschrieben, die in vielen Ländern der Welt veröffentlicht wurden. Dr. Székely, den viele seiner Freunde liebevoll «Professor» nannten, ist 1979 gestorben. Eine Auswahl von weiteren Veröffentlichungen des Autors finden Sie am Schluß dieses Buches.

Die unbekannten Schriften der Essener

Der Originaltext aus dem Aramäischen übersetzt von
Dr. Edmond Bordeaux Székely

MANDALA
MEDIA

Aus dem Englischen von Ruth Kühn,
Bruno u. Magdalena Martin und Susanne Schaup

Originaltitel: The Essene Gospel of Peace –
The Unknown Books of the Essenes
Umschlaggestaltung: Charles Huguenin
Umschlagbild: Creative Company, Basthorst
Satz: Mandala Media, Rheinfelden
Herstellung: F. X. Stückle, Ettenheim
Printed in Germany
ISBN 3-906983-03-X
Mandala Media , Postfach 404, CH-4310 Rheinfelden

Inhalt

Vorwort

Ich muß dieses Vorwort mit dem Bekenntnis beginnen, daß dies nicht meine erste Übersetzung des zweiten Buches des Friedensevangeliums der Essener ist, sondern die zweite. Mein erster Versuch nahm viele Jahre in Anspruch, weil ich das Manuskript mit äußerster Sorgfalt verfaßte, einige Hundert Querverweise und unzählige sprach- und bibelkundliche Fußnoten hinzufügte. Als ich die Arbeit beendet hatte, war ich stolz darauf, und im Glanze meiner Leistung gab ich sie selbstgefällig meinem Freund Aldous Huxley zu lesen. Zwei Wochen später fragte ich ihn nach seinem Eindruck von meiner monumentalen Übersetzung. «Sie ist sehr, sehr schlecht», sagte er, «sie ist sogar schlechter als die langweiligsten Abhandlungen der Kirchenväter und Scholastiker, die heutzutage niemand mehr liest. Sie ist so trocken und uninteressant, daß ich keinerlei Wunsch mehr verspüre, Buch 3 zu lesen.» Ich war sprachlos, und so fuhr er fort: «Du solltest das Buch noch einmal schreiben und ihm etwas von der Lebendigkeit deiner anderen Bücher geben, es zu Literatur machen, für Leser des 20. Jahrhunderts lesbar und fesselnd. Ich bin sicher, die Essener redeten nicht in Fußnoten miteinander! In der jetzigen Form wirst du als Leser nur ein paar Dogmatiker in theologischen Seminaren haben, die so etwas

mit masochistischem Vergnügen zu lesen scheinen. Jedoch», schloß er mit einem Lächeln, «du kannst ihm vielleicht einen gewissen Wert als Schlafmittel abgewinnen; jedesmal, wenn ich es zu lesen versuchte, fiel ich innerhalb weniger Minuten in Schlaf. Du kannst vielleicht ein paar Exemplare dadurch verkaufen, daß du es in Gesundheitsmagazinen als neues Schlafmittel anpreist – ohne schädliche Chemikalien und dergleichen.»
Ich brauchte eine lange Zeit, um mich von seiner Kritik zu erholen. Viele Jahre rührte ich das Manuskript nicht an. Inzwischen erhielt ich aus allen Teilen der Welt Tausende von Briefen von Lesern des ersten Buches des Friedensevangeliums, die nach Buch 2 und 3 fragten, die ich in seinem Vorwort angekündigt hatte. Endlich hatte ich den Mut, nochmal zu beginnen.

Mit dem Verstreichen der Jahre hatte sich meine Einstellung gemildert, und ich sah die Kritik meines Freundes in einem anderen Licht. Ich schrieb das gesamte Manuskript neu und behandelte es als Dichtung, die sich mit den großen Problemen des Lebens, den uralten und den gegenwärtigen, befaßt. Es ist nicht leicht, dem Original treu zu bleiben und die ewigen Wahrheiten gleichzeitig auf eine Weise darzubieten, die dem Menschen des 20. Jahrhunderts zusagt. Und doch schien es mir von größter Wichtigkeit, es zu versuchen; waren es doch vor allen anderen die Essener, die die Herzen der Menschen durch Vernunft zu gewinnen suchten und durch das machtvolle, leuchtende Beispiel ihres Lebens.

Leider weilt Aldous nicht länger unter uns, um meine zweite Übersetzung zu begutachten. Ich meine, sie würde ihm gefallen – keine einzige Fußnote! –, aber ich muß das endgültige Urteil meinen Lesern überlassen. Sollten Buch 2, 3 und 4 sich solcher Beliebtheit erfreuen wie das erste Buch, so wären die Anstrengungen vieler, vieler Jahre reichlich belohnt.

San Diego, Kalifornien, 1. November 1974
Edmond Bordeaux Székely

Einleitung

Drei Wege können uns zur Wahrheit führen: der erste ist der Weg des Bewußtseins, der zweite der Weg der Natur und der dritte die gesammelte Erfahrung vergangener Generationen, die uns durch die großen Meisterwerke aller Zeitalter übermittelt wird. Seit undenklicher Zeit ist die Menschheit diesen drei Wegen gefolgt.

Der erste Weg, der Weg des Bewußtseins, ist der der großen Mystiker. Für sie ist das Bewußtsein unsere unmittelbarste Wirklichkeit und der Schlüssel zum Universum. Wir haben es in uns, wir sind es. Ihnen war zu allen Zeiten bekannt, daß eine Seite des menschlichen Bewußtseins nicht den Gesetzen des stofflichen Universums unterworfen ist.

In unserem Bewußtsein gibt es gewisse dynamische Verknüpfungen, wo man zur gleichen Zeit ein Vielfaches ist. Innerhalb von Bruchstücken einer Minute oder Sekunde kann unser Bewußtsein nebeneinander die verschiedensten Gedanken, Ideen, Assoziationen, Vorstellungsbilder, Erinnerungen und Einfälle enthalten, doch stellt diese Vielfalt eine einzige dynamische Einheit dar. Darum haben die Gesetze der Mathematik, die das stoffliche Universum beherrschen und ein Schlüssel zu seinem Verständnis sind, im Bereich des Bewußtseins keine Geltung, wo zwei und zwei nicht notwendig vier ergeben oder wenige Sekunden wie Stunden erscheinen und Stunden wie eine Minute.

Unser Bewußtsein existiert nicht im Raum und kann darum nicht mit Raummaßen erfaßt werden. Es hat seine eigene Zeit, die sehr oft Zeitlosigkeit ist, und darum läßt sich die Wahrheit, die man auf diesem Weg erreicht, nicht mit Zeitmaßen messen. Unser Bewußtsein ist nicht nur unsere unmittelbarste und innerste Wirklichkeit, sondern auch, wie die großen Mystiker herausfanden, die geheime Quelle von Energie, Harmonie und Wissen. Der Weg zur Wahrheit, der zum Bewußtsein und durch das Bewußtsein führt, brachte die großen Weisheitslehren der Menschheit hervor, die großen Offenbarungen und die großen Meisterwerke aller Zeiten. Dies also ist der erste Weg zur Wahrheit oder ihr Ursprung, wie die Überlieferungen der Essener sie verstehen und auslegen.

Unglücklicherweise verlieren die großartigen unmittelbaren Erkenntnisse der großen Meister ihre Lebendigkeit, wenn sie den Weg durch die Generationen nehmen. Sie werden abgeändert, entstellt und in starre Lehrgebäude gepreßt, und allzuoft versteinern ihre Werte in Institutionen und organisierten Herrschaftsformen. Die reine Erkenntnis wird vom Sand der Zeit erstickt, um zu gegebener Zeit durch Wahrheitssucher, die ihr Wesen erfassen können, wieder ausgegraben zu werden.

Eine andere Gefahr besteht darin, daß Wahrheitssucher, die dem Weg des Bewußtseins folgen, in Übertreibungen verfallen. Sie beginnen ihren Weg für den einzigen zu halten und alle anderen zu vernachlässigen. Sehr oft werden auch die besonderen Gesetze des menschlichen Bewußtseins auf das stoffliche Universum angewandt, wo sie keine Gültigkeit haben, und die Gesetzmäßigkeiten dieser Welt außer acht gelassen. Es kann geschehen, daß sich der Mystiker ein künstliches Universum schafft, bis er schließlich in einem Elfenbeinturm lebt und jede Beziehung zur Lebenswirklichkeit verliert.

Der zweite der drei Wege ist der Weg der Natur. Während der Weg des Bewußtseins innen beginnt und dann zur Gesamtheit der Dinge vordringt, ist es beim zweiten Weg umgekehrt: sein Ausgangspunkt ist die äußere Welt. Es ist der Weg des Wissenschaftlers, und er ist zu allen Zeiten durch Erfahrungen und Versuche begangen worden, durch den Gebrauch induktiver und dekutiver Methoden. Der Wissenschaftler arbeitet mit genauen quantitativen Messungen, er mißt alles in Raum und Zeit und stellt alle möglichen Bezüge her.

Mit seinem Teleskop dringt er in den weitentfernten kosmischen Raum vor, in die verschiedenen Sonnensysteme und Galaxien; durch Spektralanalyse kann er die Bestandteile der verschiedenen Planeten im Weltall erfassen und durch mathematische Berechnungen die Bewegungen der Himmelskörper im voraus berechnen. Unter Anwendung des Kausalgesetzes stellt er eine lange Kette von Ursachen und Wirkungen fest, mit deren Hilfe er sowohl das Universum als auch das Leben zu erklären vermag.

Aber genau wie der Mystiker verfällt der Wissenschaftler manchmal der Übertreibung. Obgleich die Wissenschaft das Leben der Menschheit verwandelt hat und zu allen Zeiten etwas für den Menschen Wertvolles schuf, ist es ihr doch nicht gelungen, eine befriedigende Antwort auf die letzten Fragen der menschlichen Existenz, des Lebens und Universums zu finden. Der Wissenschaftler kennt die lange Kette von Ursache und Wirkung in all ihren Teilen, weiß aber nicht, was er mit dem Ende der Kette machen soll. Er hat keinen festen Punkt, an den er das Ende der Kette anknüpfen könnte, und ist darum unfähig, auf dem Weg des Erforschens der Natur und des stoflichen Universums die ewigen, großen Fragen nach Anfang und Ende der Dinge zu beantworten.

Die größten Wissenschaftler begreifen, daß es jenseits der wissenschaftlichen Kette, im metaphysischen Feld etwas gibt, das am Ende dieser Kette beginnt. Jedoch die Dogmatiker unter ihnen leugnen die Möglichkeit eines anderen Weges zur Wahrheit als ihren eigenen und weigern sich, die Wirklichkeit von Tatsachen und Phänomenen anzuerkennen, die sie nicht säuberlich in ihre eigenen Denkformen und Klassifikationen einordnen können.

Der Weg zur Erkenntnis durch die Natur ist nicht der des dogmatischen Wissenschaftlers, so wie auch der erste Weg nicht der des einseitigen Mystikers ist. Die Natur ist ein weitgeöffnetes Buch, in dem wir alles finden könnten, wenn wir lernen würden, auf ihre

Eingebungen zu lauschen, wie es die großen Denker aller Zeiten taten. Wenn wir ihre Sprache verstehen lernen, wird sie uns die Gesetze des Lebens und des Universums enthüllen. Deshalb zogen sich alle großen Meister der Menschheit von Zeit zu Zeit in die Natur zurück: Zarathustra und Moses in die Berge, Buddha in die Wälder, Jesus und die Essener in die Wüste, und folgten so dem zweiten Weg genauso wie dem des Bewußtseins. Die beiden Wege schließen einander nicht aus, sondern ergänzen sich harmonisch, wenn man alle ihre Gesetze kennt. Auf solche Weise haben die großen Lehrer ihre wunderbaren, tiefen Wahrheiten erfahren, die Tausende von Jahren hindurch das Leben von Millionen Menschen beeinflußten.

Der dritte Weg zur Wahrheit ist das gesammelte Wissen, die Weisheit und Erfahrung der großen Denker aller Zeiten, die uns in Form von großen Lehren, den großen heiligen Büchern und Schriften und den großen Meisterwerken der Weltliteratur überliefert worden sind. Sie sind die gemeinsame Grundlage einer Weltkultur. Kurz ausgedrückt, nähern wir uns der Wahrheit auf dreifache Weise: durch Bewußtsein, Natur und Kultur.

In den folgenden Kapiteln werden wir diesem dreifachen Weg zur Wahrheit folgen und einige der großen heiligen Schriften des Essener betrachten und übersetzen.

Es gibt dazu verschiedene Möglichkeiten. Eine davon, die der Theologen und organisierten Kirchen, besteht darin, jeden Text wörtlich zu nehmen. Dies ist der dogmatische Weg, der aus einem langen Prozeß der Versteinerung hervorgeht, durch den Wahrheiten unweigerlich in Dogmen verwandelt werden.

Wenn der Theologe diese sehr leichte, aber einseitige Methode anwendet, gerät er in endlose Widersprüche und Verwicklungen, und seine Schlußfolgerungen sind ebenso weit von der Wahrheit entfernt wie die des Wissenschaftlers, der diese Texte als völlig wertlos ablehnt und ihnen eine tiefere Bedeutung abspricht. Beide Einstellungen bilden zwei Extreme.

Ein dritter Irrtum liegt bei gewissen Symbolisten, die glauben, diese Bücher hätten nur einen symbolischen Inhalt und wären nichts als Gleichnisse. Mit der ihnen eigenen, übertreibenden Art geben sie Tausende verschiedene und völlig gegensätzliche Auslegungen zu diesen Texten. Der Geist der Essener Überlieferungen widersetzt sich allen drei Methoden der Auslegung und folgt einer ganz anderen Richtung.

Einerseits müssen diese Bücher in eine harmonische Beziehung zu den Gesetzen des menschlichen Bewußtseins und denen der Natur gebracht werden, und zum anderen sind die Lebensumstände der Zeit und der Umwelt, in der sie geschrieben wurden, zu berücksichtigen, ebenso wie der Grad der Entwicklung und das Begriffsvermögen der Leute, an die der betreffende Meister seine Botschaft richtete.

Da alle großen Meister ihre Lehren der Bewußtseinsebene ihrer Zuhörer anpassen mußten, fanden sie es unumgänglich, die exoterische Seite ihrer Botschaft von der esoterischen zu unterscheiden. Die exoterische Lehre war dem Verständnis der großen Menge angepaßt und wurde in Form von Regeln, Verhaltensweisen und Ritualen ausgedrückt, gemäß den grundlegenden Bedürfnissen der Menschen und ihrer Zeit. Parallel dazu haben die esoterischen Lehren die Zeiten teils durch geschriebene, teils durch ungeschriebene, lebendige Überlieferungen überlebt, frei von äußeren Formen, Ritualen, Regeln und Dogmen. Sie wurden in allen Zeitepochen von einer kleinen Minderheit lebendig erhalten und ausgeübt.

Im Geiste einer solchen Auslegung der Wahrheit soll hier das Friedensevangelium der Essener übersetzt werden – ohne die dogmatische Methode einer wörtlichen und rein wissenschaftlichen Darstellung und ohne die Übertreibung der Symbolisten. Wir werden versuchen, die friedliche Botschaft der Essener im Licht unseres Bewußtseins und der Natur und in Harmonie mit den großen Traditionen der Essener Bruderschaft, zu der die Verfasser der Schriftrollen vom Toten Meer gehörten, zu präsentieren.

Enochs Vision
Die älteste Offenbarung

Gott spricht zum Menschen

Ich spreche zu dir.
Sei still
Wisse
Ich bin Gott.

Ich sprach zu dir
Als du geboren wurdest.
Sei still
Wisse
Ich bin Gott.

Ich sprach zu dir
Bei deinem ersten Blick.
Sei still
Wisse
Ich bin Gott.

Ich sprach zu dir
Bei deinem ersten Wort.
Sei still
Wisse
Ich bin Gott.

Ich sprach zu dir
Bei deinem ersten Gedanken.
Sei still
Wisse
Ich bin Gott.

Ich sprach zu dir
Bei deiner ersten Liebe.
Sei still
Wisse
Ich bin Gott.

Ich sprach zu Dir
Bei deinem erstem Lied.
Sei still
Wisse
Ich bin Gott.

Ich spreche zu dir
Durch das Gras der Wiese.
Sei still
Wisse
Ich bin Gott.

Ich spreche zu dir
Durch die Bäume der Wälder.
Sei still
Wisse
Ich bin Gott.

Ich spreche zu dir
Durch die Täler und Hügel.
Sei still
Wisse
Ich bin Gott.

Ich spreche zu dir
Durch die Heiligen Berge.
Sei still
Wisse
Ich bin Gott.

Ich spreche zu dir
Durch Regen und Schnee.
Sei still
Wisse
Ich bin Gott.

Ich spreche zu dir
Durch die Wogen des Meeres.
Sei still
Wisse
Ich bin Gott.

Ich spreche zu dir
Durch den Tau des Morgens.
Sei still
Wisse
Ich bin Gott.

Ich spreche zu dir
Durch den Abendfrieden.
Sei still
Wisse
Ich bin Gott.

Ich spreche zu dir
Durch das Leuchten der Sonne.
Sei still
Wisse
Ich bin Gott.

Ich spreche zu dir
Durch die funkelnden Sterne.
Sei still
Wisse
Ich bin Gott.

Ich spreche zu dir
Durch den Sturm und die Wolken.
Sei still
Wisse
Ich bin Gott.

Ich spreche zu dir
Durch Donner und Blitz.
Sei still
Wisse
Ich bin Gott.

Ich spreche zu dir
Durch den geheimnisvollen Regenbogen.
Sei still
Wisse
Ich bin Gott.

Ich werde zu dir sprechen
Wenn du allein bist.
Sei still
Wisse
Ich bin Gott.

Ich werde zu dir sprechen
Durch die Weisheit der Alten.
Sei still
Wisse
Ich bin Gott.

Ich werde zu dir sprechen
Am Ende der Zeit.
Sei still
Wisse
Ich bin Gott.

Ich werde zu dir sprechen
Wenn du meine Engel gesehen hast.
Sei still
Wisse
Ich bin Gott.

Ich werde zu dir sprechen
In Ewigkeit.
Sei still
Wisse
Ich bin Gott.

Ich spreche zu dir.
Sei still
Wisse
Ich bin Gott.

Aus dem Essener Buch von Moses

Die zehn Gebote

Und der Berg Sinai war vollkommen in Rauch gehüllt, als Gott im Feuer auf ihn herabkam. Und der Rauch stieg von ihm auf wie Rauch aus einer Esse, und der ganze Berg bebte.

Und der Herr kam auf den Berg Sinai herab, auf den Gipfel des Berges. Und der Herr rief Moses auf den Gipfel des Berges, und Moses stieg hinauf.

Und der Herr rief aus dem Berg nach Moses und sprach: «Komm zu mir, denn ich will deinem Volke das Gesetz verkünden, das die Kinder des Lichts binden soll.»

Und Moses stieg zu Gott hinauf. Und Gott sprach all diese Worte und sagte:

«Ich bin das Gesetz, dein Gott, der dich aus den Fesseln der Finsternis befreit hat.

Du sollst keine anderen Gesetze an meiner Stelle haben.

Du sollst dir kein Bildnis des Gesetzes im Himmel oben noch auf der Erde unten machen.

Ich bin das unsichtbare Gesetz, ohne Anfang und Ende.

Du sollst dir keine falschen Gesetze machen, denn ich bin das Eine Gesetz, das Gesetz der Gesetze. Wenn du dich von mir lossagst, wird dich Unglück heimsuchen in alle Ewigkeit.

Wenn du meinen Geboten folgst, sollst du in den Unendlichen Garten eingehen, wo der Baum des Lebens inmitten des Ewigen Meeres steht.

Du sollst das göttliche Gesetz nicht verletzen. Das Gesetz ist dein Gott, der dich nicht freispricht von Schuld.

Ehre deine Erdenmutter, daß du lange lebst auf Erden, und ehre deinen Himmelsvater, daß du in den Himmeln ewiges Leben hast, denn Erde und Himmel sind dir durch das Weltengesetz gegeben worden, das dein Gott ist.

Du sollst deine Erdenmutter am Morgen des Sabbats empfangen.

Du sollst den Engel der Erde am zweiten Morgen empfangen.

Du sollst den Engel des Lebens am dritten Morgen empfangen.

Du sollst den Engel der Freude am vierten Morgen empfangen.

Du sollst den Engel der Sonne am fünften Morgen empfangen.

Du sollst den Engel des Wassers am sechsten Morgen empfangen.

Du sollst den Engel der Luft am siebten Morgen empfangen.

Alle diese Engel der Erdenmutter sollst du empfangen und dich ihnen weihen, damit du in den Unendlichen Garten eingehst, wo der Baum des Lebens steht.

Du sollst deinen Himmlischen Vater am Abend des Sabbats verehren.

Du sollst den Engel des ewigen Lebens am zweiten Abend empfangen.

Du sollst den Engel der Arbeit am dritten Abend empfangen.

Du sollst den Engel des Friedens am vierten Abend empfangen.

Du sollst den Engel der Kraft am fünften Abend empfangen.

Du sollst den Engel der Liebe am sechsten Abend empfangen.

Du sollst den Engel der Weisheit am siebten Abend empfangen.

Für alle diese Engel des Himmlischen Vaters sollst du dich öffnen, damit deine Seele im Brunnen des Lichtes bade und in das Meer der Ewigkeit eintauche.

Der siebte Tag ist der Sabbat: daran sollst du dich erinnern und ihn heilig halten. Der Sabbat ist der Tag des Lichts des Gesetzes, deines Gottes. Du sollst dann keine Arbeit verrichten, sondern das Licht suchen, das Reich deines Gottes, und alle Dinge werden dir gegeben.

Denn wisse, sechs Tage sollst du mit den Engeln arbeiten, aber am siebten Tag sollst du im Lichte Gottes wohnen, der das heilige Gesetz ist.

Du sollst keinem lebendigen Wesen das Leben nehmen. Leben kommt allein von Gott, er gibt es und nimmt es.

Du sollst die Liebe nicht entweihen. Es ist die heilige Gabe des Himmlischen Vaters.

Du sollst deine Seele, die unschätzbare Gabe des liebenden Gottes, nicht verkaufen für die Reichtümer der Welt, die wie Samen sind, die auf steinigen Grund gesät wurden und keine Wurzel fassen können.

Du sollst kein falsches Zeugnis vom Gesetz ablegen und es nicht gegen deinen Bruder verwenden. Nur Gott kennt den Anfang und das Ende aller Dinge, denn sein Auge ist einzigartig, und er ist das heilige Gesetz.

Du sollst die Besitztümer deines Nachbarn nicht begehren. Das Gesetz hält viel größere Gaben für dich bereit, sogar Erde und Himmel, wenn du den Geboten des Herrn, deines Gottes, folgst.»

Und Moses hörte die Stimme des Herrn und besiegelte mit ihm den Bund zwischen dem Herrn und den Kindern des Lichts. Und Moses drehte sich um, ging den Berg hinab und hielt die beiden Tafeln des Gesetzes in seinen Händen.

Und die Tafeln waren Gottes Werk, und die Schrift war von Gott in die Tafeln eingeprägt.

Und das Volk wußte nicht, was Moses geschehen war. Und sie versammelten sich, nahmen ihre goldenen Ohrgehänge ab und schmolzen sie zu einem goldenen Kalb. Und sie beteten das Götzenbild an und brachten ihm brennende Opfergaben dar.

Und sie aßen und tranken und tanzten vor dem goldenen Kalb, das sie gemacht hatten, und gaben sich der Verderbnis und dem Bösen hin.

Und als Moses sich dem Lager näherte, sah er das Kalb, den Tanz und die Verderbtheit der Leute. Und heißer Zorn stieg in ihm empor, und er warf die Tafeln aus seinen Händen, so daß sie am Fuße des Berges zerschellten.

Und am Morgen des Tages sprach Moses zum Volk: «Ihr habt schwer gesündigt, ihr habt euren Schöpfer verleugnet. Ich will zum Herrn hinaufsteigen und für eure Sünden um Vergebung bitten.»

Und Moses kehrte zum Herrn zurück und sagte: «Herr, du hast die Schändung deines Heiligen Gesetzes gesehen. Denn deine Kinder verloren den Glauben und beteten die Finsternis an und machten sich ein goldenes Kalb. Herr, vergib ihnen, denn sie sind blind für das Licht.»

Und der Herr sprach zu Moses:

«Siehe, seit Anbeginn der Zeiten hat es einen Bund zwischen Gott und dem Menschen gegeben, und die heilige Flamme des Schöpfers ging in ihn ein. Und er wurde zum Sohn Gottes gemacht, und er sollte sein Erstgeburtsrecht bewahren und das Land seines Vaters fruchtbar machen und heilig halten. Und wer den Schöpfer aus sich vertreibt, speit auf sein Geburtsrecht, und in den Augen Gottes gibt es keine größere Sünde.»

Und der Herr sprach und sagte:

«Nur die Kinder des Lichts können den Geboten des Gesetzes folgen. Hör mich an, denn ich sage dir: die Tafeln, die du zerbrochen hast, sollen niemals mehr in Menschenworten erstehen. So wie du sie der Erde und dem Feuer zurückgabst, so sollen sie unsichtbar in den Herzen der Menschen leben, die imstande sind, ihnen zu folgen. Deinem Volk, das so wenig Glauben hat, das gegen den Schöpfer gesündigt hat, als du auf heiligem Boden vor deinem Gott standest, will ich ein anderes Gesetz geben. Es soll ein strenges Gesetz sein mit festen Regeln, denn sie kennen noch nicht das Reich des Lichts.»

Und Moses verschloß das unsichtbare Gesetz in seiner Brust und bewahrte es als Zeichen für die Kinder des Lichts. Und Gott gab Moses das geschriebene Gesetz für das Volk. Und Moses ging zu ihnen hinab und sprach zu ihnen mit schwerem Herzen.

Und Moses sagte dem Volk: «Dies sind die Gesetze, die Gott euch gegeben hat:

Du sollst keine anderen Götter neben mir haben.
Du sollst dir kein Götzenbild machen.
Du sollst den Namen des Herrn, deines Gottes,
nicht mißbrauchen.
Beachte den Sabbat, um ihn heilig zu halten.
Ehre Vater und Mutter.
Du sollst nicht töten.
Du sollst nicht unkeusch leben.
Du sollst nicht stehlen.
Du sollst deinen Nachbarn nicht verleumden.
Du sollst weder deines Nachbarn Haus begehren,
noch sein Weib, noch irgendetwas, was ihm gehört.»

Und es gab einen Tag der Trauer und Buße wegen der

großen Sünde gegen den Schöpfer, die damit nicht endete. Und die zerbrochenen Tafeln des Unsichtbaren Gesetzes lebten in Moses' Brust verborgen, bis es geschah, daß die Kinder des Lichts in der Wüste erschienen und die Engel auf Erden wandelten.

Die Kommunionen mit den Engeln

Und es war am Ufer eines Flusses, da kamen die Mühseligen und Beladenen wieder zusammen, um Jesus aufzusuchen. Und Kindern gleich hatten sie alles Wissen um die göttliche Ordnung verloren, und wie Kinder suchten sie ihren Vater, damit er ihnen zeige, wo sie geirrt hatten, und sie wieder auf den rechten Weg leite. Und als die Sonne am Horizont aufging, sahen sie Jesus vom Berge herab auf sie zukommen, über seinem Haupt den Glanz der emporsteigenden Sonne.

Und er hob seine Hand, lächelte sie an und sagte:

«Friede sei mit euch.»

Aber sich schämten sich, seinen Gruß zu erwidern, denn jeder hatte auf seine Weise den Heiligen Lehren den Rücken gekehrt, und die Engel der Erdenmutter und des Himmelsvaters waren nicht bei ihnen. Und ein Mann schaute voller Seelenqual auf und sprach: «Meister, wir brauchen deine Weisheit sehr. Denn wir wissen, was gut ist, und folgten doch dem Bösen. Wir wissen, daß wir mit den Engeln des Tages und der Nacht leben müssen, um in das Himmlische Königreich einzutreten, doch wir folgen den Wegen der Gottlosen. Das Licht des Tages scheint nur auf unsere Jagd nach Vergnügen und die Nacht fällt auf unsere sorglose Dumpfheit herab. Sage uns, Meister, wie können wir mit den Engeln reden und in ihren heiligen Kreisen verbleiben, damit das Wissen um die göttliche Ordnung mit steter Flamme in unseren Herzen brennt?»

Und Jesus sprach zu ihnen:
«Die Augen zum Himmel zu heben,
wenn die Augen aller Menschen zur Erde gerichtet sind,
ist nicht leicht.
An den Füßen der Engel zu beten,
wenn alle Menschen nur Ruhm und Reichtum ehren,
ist nicht leicht.
Aber das Schwerste von allem ist,
die Gedanken der Engel zu denken,
die Worte der Engel zu sprechen
und wie die Engel zu handeln.»

Und ein Mann sprach: «Aber Meister, wir sind nur Menschen, wir sind keine Engel. Wie können wir hoffen, auf ihren Wegen zu wandeln? Sage uns, was wir tun müssen.»

Und Jesus sprach:
«So wie der Sohn das Land seines Vaters erbt,
so haben wir ein Heiliges Land geerbt
von unseren Vätern.
Dies Land ist kein Feld, das man pflügen muß,
sondern eine Stätte, auf die wir
unseren Heiligen Tempel erbauen können.
Und so wie ein Tempel

Stein auf Stein errichtet werden muß,
so will ich euch zum Bau des Heiligen Tempels
jene Steine geben,
die wir ererbt haben
von unseren Vätern und Vorvätern.»

Und alle Menschen sammelten sich um Jesus und ihre Gesichter glühten vor Begier, seine Worte zu hören. Und er hob sein Gesicht zur aufsteigenden Sonne und der Glanz ihres Lichts füllte seine Augen, als er sprach:

«Der heilige Tempel kann nur
durch die uralten Kommunionen erbaut werden,
jene, die gesprochen werden,
jene, die gedacht werden
und jene, die gelebt werden.
Denn werden sie nur vom Munde gesprochen,
sind sie einem ausgestorbenen Bienenkorb gleich,
den die Bienen verlassen haben
und der keinen Honig mehr gibt.
Die Kommunionen sind eine Brücke
zwischen Menschen und Engeln,
und können wie eine Brücke
nur in Geduld geschaffen werden,
so wie die Brücke über den Fluß
mit den Steinen gebaut wird,
die am Ufer gefunden werden.

Es sind vierzehn Kommunionen,
sieben mit den Engeln des Himmelsvaters

und sieben mit den Engeln der Erdenmutter.
Und so wie die Wurzeln des Baumes
sich in die Erde senken und genährt werden
und die Zweige des Baumes
ihre Arme zum Himmel ausstrecken,
so gleicht der Mensch einem Baumstamm,
dessen Wurzeln tief in der Brust
der Erdenmutter ruhen,
und dessen Seele
zu den hellen Sternen
des Himmelsvaters aufsteigt.
Und die Wurzeln des Baumes
sind die Engel der Erdenmutter
und die Zweige des Baumes
sind die Engel des Himmelsvaters.
Und dies ist der heilige Lebensbaum,
der im Meer der Ewigkeit steht.

Die erste Kommunion
haltet mit dem Engel der Sonne.
Sie kommt jeden Morgen
wie eine Braut aus der Kammer,
um ihr goldenes Licht auf die Welt zu gießen.
O du unsterblicher, leuchtender, schnellfüßiger
Engel der Sonne!
Es gibt keine Wärme ohne dich,
kein Feuer ohne dich,
kein Leben ohne dich.
Die grünen Blätter der Bäume beten dich an,

und durch dich werden die winzigen Weizenkörner
zu einem Meer goldener Gräser,
die sich im Winde wiegen.
Durch dich wird die Blume
in meiner Körpermitte geöffnet.
Darum will ich mich niemals
vor dir verbergen.
Engel der Sonne,
Heiliger Bote der Erdenmutter,
betrete meinen heiligen Tempel
und gib mir das Feuer des Lebens!

Die zweite Kommunion
haltet mit dem Engel des Wassers,
der den Regen auf die ausgedörrte Ebene fallen läßt,
der den trockenen Brunnen
bis zum Überfließen anfüllt.
Ja, wir verehren dich, Wasser des Lebens.
Aus dem Himmlischen Meer rinnen die Wasser,
fließen hervor aus nie versiegenden Quellen.
In meinem Blut fließen
tausend reine Quellen,
Dünste und Wolken,
und alle die Wasser,
die sich über alle sieben Reiche ausbreiten.
Alle Wasser, die der Schöpfer machte, sind heilig.
Die Stimme des Schöpfers
ist über den Wassern:
Der Gott der Herrlichkeit

läßt den Donner ertönen,
der Herr ist über vielen Wassern.
Engel des Wassers,
Heiliger Bote der Erdenmutter,
Gehe ein in das Blut,
das mich durchfließt,
wasche meinem Körper im Regen,
der vom Himmel fällt,
und gib mir das Wasser des Lebens.

Die dritte Kommunion
haltet mit dem Engel der Luft,
der den Geruch süßduftender Felder ausbreitet,
von Frühlingsgras nach Regen,
von sich öffnenden Knospen
der Rose von Sharon.
Wir verehren den Heiligen Atem,
der höher ist,
als alle erschaffenen Dinge.
Denn siehe,
der ewige, höchste Lichtraum,
wo die unzähligen Sterne regieren,
ist die Luft, die wir einatmen
und die Luft, die wir ausatmen.
Und im Augenblick
zwischen Einatmen und Ausatmen
liegen alle Mysterien
des Unendlichen Gartens verborgen.
Engel der Luft,

Heiliger Bote der Erdenmutter,
dringe tief in mich ein,
wie die Schwalbe vom Himmel herabstürzt,
damit ich das Geheimnis des Windes erfahre
und die Musik der Sterne.

Die vierte Kommunion
haltet mit dem Engel der Erde,
der Korn und Trauben
aus fruchtbarer Erde hervorbringt
und Kinder
aus den Lenden von Mann und Frau.
Dem, der die Erde bestellt
mit dem linken und rechten Arm,
schenkt sie Frucht und Getreide
im Überfluß.
Goldenbeglänzte Pflanzen
entsprießen im Frühling der Erde
so weit sich der Boden ausbreitet,
so weit sich die Flüsse erstrecken,
so weit sich die Sonne erhebt,
um sich als Nahrung dem Menschen zu schenken.
Diese weite Erde preise ich,
ihren großzügigen Raum, ihre vielen Wege,
die fruchtbare Fülle, die sie hervorbringt,
deine Mutter, heilige Pflanze!
Ja, ich preise das Erdreich,
aus dem du hervorbrichst,
voll süßen Dufts, schnellwachsend,

die gute Ernte des Herrn.
Wer Korn sät, Gras und Früchte,
sät die göttliche Ordnung.
Er soll reiche Ernte haben,
und sein Korn soll auf den Hügeln reifen.
Denen zum Lohn,
die dem Gesetz folgen,
sandte der Herr den Engel der Erde,
den heiligen Boten der Erdenmutter,
den Pflanzen Wachstum zu bringen
und den Schoß der Frau fruchtbar zu machen,
damit die Erde nie
ohne das Lachen von Kindern sei.
Laßt uns in ihr Gott verehren!

Die fünfte Kommunion
haltet mit dem Engel des Lebens,
der dem Menschen Stärke und Kraft gibt.
Denn siehe, wenn das Wachs nicht rein ist,
kann die Kerze keine stetige Flamme hergeben.
Also gehe zu den hochragenden Bäumen,
und vor einem von ihnen,
der schön ist, hochgewachsen und mächtig,
sage diese Worte:
Heil sei dir, o guter lebendiger Baum,
vom Schöpfer erschaffen!
Dann soll der Lebensstrom zwischen dir
und deinem Bruder, dem Baum, fließen,
und Gesundheit des Körpers,

Schnelligkeit der Füße,
gutes Gehör,
Stärke der Arme
und die Sehkraft des Adlers dein sein.
So ist der Bund
mit dem Engel des Lebens
dem heiligen Boten der Erdenmutter.

Die sechste Kommunion
haltet mit dem Engel der Freude,
der auf die Erde herabkommt,
allen Menschen Schönheit zu schenken.
Denn nicht mit Traurigkeit wird Gott angebetet,
noch mit Schreien der Verzweiflung.
Gib dein Jammern und Klagen auf
und sing dem Herrn ein neues Lied:
Die ganze Erde singe dem Herrn.
Laß die Himmel jubeln
und die Erde froh sein,
laß das Feld fröhlich sein
und die Wasserfluten in die Hände klatschen.
Laß die Hügel sich miteinander freuen
vor dem Herrn!
Denn du sollst voller Freude hinausgehen
und in Frieden wandeln.
Die Berge und Hügel
sollen vor dir in Gesang ausbrechen,
Engel der Freude,
heiliger Bote der Erdenmutter.

Ich will dem Herrn singen,
solange ich lebe,
ich will den Herrn preisen,
solange ich bin.

Die siebte Kommunion
haltet mit unserer Erdenmutter,
die ihre Engel aussendet,
die Wurzeln der Menschen zu lenken
und sie tief in das gesegnete Erdreich zu senken.
Wir rufen die Erdenmutter an!
Die Heilige Bewahrerin!
Die Erhalterin!
Sie ist es, die die Welt erneuern wird!
Die Erde gehört ihr
und deren Fülle: die Welt
und die, die darin wohnen.
Wir verehren die gute, starke,
die wohltätige Mutter Erde
und all ihre Engel,
großzügig, mutig und voller Stärke:
freundlich, Wohlergehen und Gesundheit
schenkend.
Durch ihren strahlenden Glanz
wachsen Pflanzen aus der Erde hervor
aus unerschöpflichen Quellen.
Ihr strahlender Glanz bringt die Winde zum Wehen,
die die Wolken herantreiben,
den unerschöpflichen Quellen zu.

Die Erdenmutter und ich sind Eins:
ich habe meine Wurzeln in ihr,
und sie hat ihre Freude an mir,
wie das heilige Gesetz es will.»

Danach war eine große Stille, da die Lauschenden über Jesu Worte nachsannen. Und in ihnen war neue Stärke, und in ihren Gesichtern leuchteten Wunsch und Hoffnung. Und dann sprach ein Mann: «Meister, wir sind mit Eifer erfüllt, den Bund mit den Engeln der Erdenmutter zu schließen, deren Werk der große Garten der Erde ist. Aber was ist mit den Engeln des Himmelsvaters, die die Nacht regieren? Wie sollen wir mit jenen sprechen, die so weit über uns thronen, die unseren Augen unsichtbar sind? Denn die Sonnenstrahlen können wir sehen, das kühle Wasser des Flusses können wir fühlen, wenn wir in ihm baden, und die Trauben fühlen sich warm an, wenn sie an den Reben purpurn werden; aber die Engel des Himmelsvaters kann man weder sehen noch hören und auch nicht berühren. Wie sollen wir denn mit ihnen reden und ihren unendlichen Garten betreten? Meister, sage uns, was müssen wir tun?»

Und die Morgensonne umgab leuchtend sein Haupt, als Jesus sie ansah und sprach:

«Meine Kinder, wißt ihr nicht, daß die Erde
und alles, was auf ihr wohnt,
nur ein Abglanz des Himmlischen Reiches ist?

Und wie ihr als Kinder
von der Mutter genährt und getröstet werdet,
aber bei eurem Vater in den Feldern weilt,
wenn ihr heranwachst,
so leiten die Engel der Erdenmutter
eure Schritte zu ihm hin,
der euer Vater ist,
und zu allen seinen Engeln,
damit ihr eure wahre Heimat erkennt
und wahre Söhne Gottes werdet.
In unserer Kindheit
sehen wir die Strahlen der Sonne,
aber nicht die Macht, die sie schuf;
in unserer Kindheit
hören wir das Murmeln des rauschenden Baches,
aber nicht die Liebe, die ihn erschuf;
in unserer Kindheit
sehen wir die Sterne,
aber nicht die Hand, die sie am Himmel ausstreute,
so wie der Bauer seine Saat ausstreut.
Nur durch die Kommunionen
mit den Engeln des Himmelsvaters
werden wir lernen, das Unsichtbare zu sehen,
zu hören, was nicht gehört werden kann,
und auszusprechen das unsagbare Wort.

Die erste Kommunion
haltet mit dem Engel der Kraft,
der die Sonne mit Hitze erfüllt

und die Hand des Menschen
in all seinen Werken führt.
Dein, o Himmlischer Vater, war die Kraft,
als du für jeden von uns
einen Weg bestimmtest, und für alle.
Durch deine Kraft
werden meine Füße
den Pfad des Gesetzes beschreiten;
durch deine Kraft
werden meine Hände deine Werke tun.
Möge der goldene Fluß der Kraft
immer von dir zu mir fließen
und mein Körper sich immer dir zuwenden,
wie die Blume sich der Sonne zuwendet.
Denn es gibt keine Kraft
außer der des Himmelsvaters;
alles Übrige ist nur ein Traumgebilde aus Staub,
eine Wolke, die an der Sonne vorbeizieht.
Es gibt keinen Menschen,
der Macht hat über den Geist
noch Macht am Tage des Todes.
Nur die Macht, die von Gott kommt,
kann uns aus der Stadt des Todes heraustragen.
Führe unsere Worte und Taten,
Engel der Kraft,
heiliger Bote des Himmlischen Vaters.

Die zweite Kommunion
haltet mit dem Engel der Liebe,

dessen heilende Wasser in unendlichem Strom
aus dem Meer der Ewigkeit fließen.
Geliebte, laßt uns einander lieben:
Denn die Liebe kommt vom Himmelsvater,
und jeder, der liebt,
ist ein Kind himmlischer Ordnung
und kennt die Engel.
Denn ohne Liebe ist das Herz des Menschen
ausgedörrt und gesprungen
wie der Boden eines trockenen Brunnens,
und seine Worte sind leer
wie ein hohler Kürbis.
Aber liebende Worte sind wie eine Honigwabe
süß für die Seele;
liebende Worte in eines Menschen Mund
sind wie tiefe Wasser
und der Quell der Liebe
wie ein rauschender Bach.
Ja, es wurde in den alten Zeiten gesagt,
du sollst deinen Himmelsvater lieben,
aus ganzem Herzen,
aus ganzer Seele
und mit all deinen Taten,
und du sollst deine Brüder lieben
wie dich selbst.
Der Himmelsvater ist Liebe,
und wer in der Liebe wohnt,
wohnt im Himmelsvater
und der Himmelsvater in ihm.

Er, der nicht liebt, gleicht einem Vogel,
der aus dem Nest fiel und umherwandert;
ihm schlägt die Ernte fehl,
und das Wasser des Stromes schmeckt ihm bitter.
Und wenn ein Mann sagt,
ich liebe den Himmelsvater,
aber hasse meinen Bruder, ist er ein Lügner:
Denn wer seinen Bruder nicht liebt,
den er sehen kann,
wie kann der seinen Vater lieben,
den er nicht sieht?
So erkennen wir die Kinder des Lichts:
Sie wandeln mit dem Engel der Liebe,
denn sie lieben den Himmelsvater,
und sie lieben ihre Brüder
und halten das heilige Gesetz.
Liebe ist stärker
als die Strömung reißenden Wassers,
Liebe ist stärker als der Tod.

Die dritte Kommunion haltet
mit dem Engel der Weisheit,
der den Menschen vor Furcht befreit,
sein Herz weitet
und sein Gewissen erleichtert.
Die heilige Weisheit,
die Erkenntnis, die sich fortwährend
wie eine heilige Schriftrolle entfaltet,
kommt jedoch nicht durch Lernen.

Alle Weisheit kommt vom Himmlischen Vater
und ist für immer mit ihm.
Wer kann die Sandkörner zählen am Strand,
die Regentropfen
und die Tage der Ewigkeit?
Wer kann die Höhe des Himmels ermessen
und die Breite der Erde?
Wer kann sagen, wo Weisheit begann?
Weisheit wurde vor allen anderen Dingen
geschaffen.
Wer ohne Weisheit ist,
gleicht dem, der zum Holz sagt,
‹Erwache›, und zum stummen Gestein,
‹Stehe auf und lehre.›
Seine Worte sind leer und seine Taten schädlich,
wie wenn ein Kind das Schwert seines Vaters
schwingt
und die Schärfe der Klinge nicht kennt.
Aber der Weisheit Krone macht,
daß Frieden und vollkommene Gesundheit blühen,
beide sind Gottes Gaben.
O du, Himmlische Ordnung!
Und du, Engel der Weisheit!
Ich will dich und den Himmlischen Vater verehren,
durch den der Gedankenstrom in uns
zum Himmlischen Meer der Ewigkeit fließt.

Die vierte Kommunion haltet
mit dem Engel des ewigen Lebens,

der die Botschaft der Ewigkeit
dem Menschen bringt.
Denn wer mit den Engeln wandelt
soll lernen, über den Wolken zu schweben,
und seine Heimat
soll im Ewigen Meer sein,
wo der geheiligte Lebensbaum steht.
Warte nicht, daß der Tod
das große Geheimnis enthüllt.
Wenn ihr euren Himmelsvater nicht
kennt, solange eure Füße im Staub gehen,
wird es für euch nichts als Schatten im
künftigen Leben geben.
Hier und jetzt wird das Geheimnis enthüllt.
Hier und jetzt wird der Vorhang gehoben.
O Mensch, hab keine Furcht!
Halte dich fest an den Flügeln des
Engels des ewigen Lebens
und schwing dich hinauf zu den Sternen,
dem Mond und der Sonne
und dem endlosen Licht,
die in immer wiederholenden Runden
auf ewig ihre Kreise ziehen,
und fliege dem Himmlischen Meer
des ewigen Lebens entgegen.

Die fünfte Kommunion haltet
mit dem Engel der Arbeit,
der im Summen der Bienen singt,

die unablässig den goldenen Honig bereiten;
in der Flöte des Schäfers, der nicht ruht,
damit seine Herde sich nicht verläuft;
im Gesang der Jungfrau,
wenn sie Hand an die Spindel legt.
Und wenn du glaubst, daß dieses
in den Augen des Herrn
nicht ebensoviel wiegt
wie das erhabenste der Gebete,
die vom höchsten Berge wiedertönen,
dann irrst du dich sehr.
Denn die ehrbare Arbeit demütiger Hände
ist ein tägliches Dankgebet,
und die Musik des Pfluges
ist ein froher Gesang auf den Herrn.
Wer das Brot der Faulheit ißt,
muß des Hungers sterben,
denn ein Feld von Steinen
kann nur Steine hervorbringen.
Für ihn hat der Tag keinen Sinn
und die Nacht ist voll böser Träume.
Der Geist der Faulen
ist voll vom Unkraut der Unzufriedenheit;
aber wer mit dem Engel der Arbeit lebt,
hat in sich ein immer fruchtbares Feld,
wo Korn und Trauben
und alle Arten süßduftender Kräuter
und Blumen in Fülle wachsen.
Was ihr sät, werdet ihr ernten.

Der Mann Gottes, der seine Aufgabe fand,
soll keinen anderen Segen erbitten.

Die sechste Kommunion haltet
mit dem Engel des Friedens,
dessen Kuß Ruhe schenkt,
dessen Anlitz der Oberfläche
unbewegten Wassers gleicht,
in dem sich der Mond spiegelt.
Ich will Frieden erbitten,
dessen Atem freundlich ist,
und dessen Hand die zerfurchte Stirn glättet.
Wo Frieden regiert,
da ist weder Hunger noch Durst,
weder kalter noch heißer Wind,
weder Alter noch Tod.
Aber wer keinen Frieden in seiner Seele hat,
in dem gibt es keinen Platz,
um den heiligen Tempel zu bauen;
denn wie sollte der Zimmermann bauen,
inmitten eines Wirbelwindes?
Die Saat der Gewalt kann nur
eine Ernte der Verzweiflung hervorbringen,
und in ausgedörrtem Lehm
kann nichts Lebendiges wachsen.
Sucht denn den Engel des Friedens,
der wie der Morgenstern
inmitten einer Wolke ist,
wie der Mond, wenn er voll ist,

wie ein heiliger Olivenbaum voller Knospen
und wie die Sonne, die auf den Tempel
des Allerhöchsten scheint.
Frieden wohnt im Herzen der Stille:
Sei still und wisse, ich bin Gott.

Die siebte Kommunion haltet
mit dem Himmelsvater,
der ist,
der war,
und der immer sein wird.
O mächtiger Schöpfer!
Du erschufst die Himmlischen Engel,
und Du offenbartest die Himmlischen Gesetze.
Du bist meine Zuflucht und meine Festung,
Du bist aus der Ewigkeit.
Herr, du bist alle Zeiten hindurch
unsere Heimat gewesen.
Bevor die Berge geschaffen wurden
und bevor Du die Erde gebildet hast,
von Ewigkeit zu Ewigkeit
bist Du Gott.
Wer hat die Wasser gemacht
und wer die Pflanzen?
Wer hat dem Wind die Sturmwolken beigegeben,
die schnellen und flüchtigen?
Wer, o mächtiger Schöpfer,
ist der Quell des ewigen Lebens
in unseren Seelen?

Wer hat Licht und Dunkelheit erschaffen?
Wer hat den Schlaf geschenkt
und den Reiz der wachen Stunden?
Wer breitet die Mittagszeit aus
und die Mitternacht?
Du, großer Schöpfer!
Du hast die Erde gemacht
durch Deine Kraft,
Du hast die Welt eingerichtet
durch Deine Weisheit,
und Du hast die Himmel ausgebreitet
durch Deine Liebe.
Enthülle mir, o Himmlischer Vater,
Dein Wesen,
das die Macht der Engel
Deines Himmelsreiches ist.
Unsterblichkeit und die Himmlische Ordnung
hast Du uns geschenkt, o Schöpfer,
und das Beste von allem,
Dein Heiliges Gesetz!
Ich will Deine Werke
mit Gesängen der Dankbarkeit preisen,
unaufhörlich,
im Wechsel der Zeiten.
Mit dem Nahen des Tages
umarme ich meine Mutter,
mit dem Kommen der Nacht
vereinige ich mich mit meinem Vater,
und mit dem scheidenden Abend und Morgen

will ich mit jedem Atemzug
ihrer inneren Ordnung folgen,
und ich will diesen Bund nicht brechen
bis zum Ende der Zeit!»

Und über Himmel und Erde lag eine große Stille und der Frieden des Himmelsvaters und der Erdenmutter leuchtete über den Häuptern von Jesus und den Vielen.

Aus dem Essener Buch von Jesus

Der siebenfache Friede

Und als er die Menge sah, stieg Jesus auf einen Berg, und seine Jünger und alle, die nach seinen Worten hungerten, kamen zu ihm. Und als sie versammelt waren, lehrte er sie und sprach:

«Frieden bringe ich euch, meine Kinder,
den siebenfachen Frieden der Erdenmutter
und des Himmelsvaters.
Frieden bringe ich eurem Körper,
geführt vom Engel der Kraft;
Frieden bringe ich eurem Herzen,
geführt vom Engel der Liebe;
Friede bringe ich eurem Geist,
geführt vom Engel der Weisheit.
Mit den Engeln
der Kraft, der Liebe und der Weisheit
sollt ihr die sieben Pfade
des Unendlichen Gartens beschreiten,
und euer Leib, euer Herz, euer Geist
sollen sich vereinen im Heiligen Flug
zum Himmlischen Meer des Friedens.

Wahrlich, ich sage euch,
sieben Pfade führen durch den Unendlichen Garten,

und jeder muß in der Einheit
von Körper, Herz und Geist gegangen werden,
sonst werdet ihr stolpern
und in den Abgrund des Nichts fallen.
Wie ein Vogel nicht mit einem Flügel fliegen kann,
so braucht der Vogel der Weisheit
die beiden Flügel der Kraft und der Liebe,
um sich über den Abgrund
zum Heiligen Lebensbaum aufzuschwingen.

Denn der Körper allein gleicht
einem verlassenen Haus, von Ferne gesehen:
Was man für schön hielt,
ist wüst und leer aus der Nähe.
Der Körper allein gleicht
einem Wagen aus Gold,
den sein Schöpfer auf einen Sockel stellte,
damit er im Gebrauch nicht beschmutzt werde.
Aber als goldenes Götzenbild
ist er häßlich und ohne Anmut,
denn nur in Bewegung
enthüllt er seinen Zweck.
Wie die hohle Schwärze eines Fensters,
in dem der Wind die Kerze ausgeblasen hat,
ist der Körper allein,
wenn Herz und Geist
ihn nicht mit Licht erfüllen.

Und das Herz allein

gleicht einer Sonne, die keine Erde bescheint,
einem Licht in der Leere, einem Wärmeball,
der in einem schwarzen Meer versinkt.
Bei einem Menschen, der liebt,
wird die Liebe sich selbst zerstören,
wenn keine Hand da ist,
sich guten Werken zu widmen
und kein Geist die Flammen der Wünsche
in einen Teppich von Psalmen verwebt.
Gleich einem Wirbelwind in der Wüste
ist das Herz allein,
wenn weder Körper noch Geist es singend
durch Zypressen
und Pinienhaine führen.

Und der Geist allein
gleicht einer heiligen Schriftrolle,
die, dünn vom Gebrauch der Jahre,
vergraben werden muß.
Die Schönheit und Wahrheit ihrer Worte
ist die gleiche geblieben,
aber die Augen können nicht länger
die verblichenen Worte lesen,
und sie zerfällt in den Händen in Stücke.
So ist der Geist ohne Herz,
dem er Worte verleiht,
und ohne Körper,
der seine Taten vollbringt.
Denn welchen Nutzen hat die Weisheit

ohne ein fühlendes Herz
und eine Zunge, die ihr eine Stimme gibt?
Unfruchtbar, gleich dem Schoß einer alten Frau
ist der Geist allein, wenn
kein Herz und kein Leib
ihn mit Leben erfüllen.

Denn hört, ich sage euch wahrlich,
der Leib und das Herz und der Geist sind gleich
einem Wagen, einem Pferd und einem Kutscher.
Der Wagen ist der Körper,
kraftvoll und geschaffen,
ein Werkzeug zu sein
des Himmelsvaters und der Erdenmutter.
Das Herz ist das feurige Roß,
glorreich und tapfer,
das getreulich den Wagen zieht,
ganz gleich, ob die Straße eben ist,
oder ob Steine oder gestürzte Bäume im Wege liegen.
Und der Kutscher ist der Geist,
er hält die Zügel der Weisheit
und sieht von oben,
was am fernen Horizont auftaucht,
und steuert den Kurs der Hufe und Räder.

Leiht mir euer Ohr, ihr Himmel,
und ich werde sprechen;
und höre, o Erde, die Worte meines Mundes.
Meine Lehre soll kommen wie der Regen,

meine Rede soll rieseln wie Tau,
wie Sprühregen auf zartem Kraut,
wie Regenschauer auf Gras.

Gesegnet ist das Kind des Lichts
mit einem kräftigen Körper,
denn es soll mit der Erde eins sein.
Ihr sollt täglich ein Fest feiern
mit allen Gaben des Engels der Erde:
dem goldenen Weizen und Korn,
den purpurnen Trauben des Herbstes,
den reifen Früchten der Bäume,
dem Bernsteinhonig der Bienen.

Ihr sollt die reine Luft
der Wälder und Felder aufsuchen,
und in ihrer Mitte
sollt ihr den Engel der Luft finden.
Leg deine Schuhe und Kleider ab
und laß den Engel der Luft deinen Körper umarmen.
Dann sollst du lange und tief atmen,
damit der Engel der Luft in dich eindringen kann.

Tauch ein in den kühl dahinfließenden Fluß
und laß den Engel des Wassers
deinen Körper umarmen.
Wirf dich ganz in seine umfangenden Arme,
und so oft dein Atem die Luft bewegt,
laß deinen Körper auch das Wasser bewegen.

Du sollst den Engel der Sonne aufsuchen
und dich seiner Umarmung hingeben,
die mit heiligen Flammen dich reinigt.
Dies alles entspricht dem heiligen Gesetz
der Erdenmutter,
die dir Leben gab.
Wer in Frieden mit seinem Körper lebt,
hat einen heiligen Tempel gebaut, in dem für immer
der Geist Gottes wohnt.
Erkenne diesen Frieden mit deinem Geist,
Ersehne diesen Frieden mit deinem Herzen,
Erfülle diesen Frieden mit deinem Körper.

Gesegnet ist das Kind des Lichts,
das weise ist im Geiste,
denn es wird den Himmel erschaffen.
Der Geist der Weisen
ist ein wohlgepflügtes Feld,
das große Fülle hervorbringt.
Wenn du einem weisen Mann
eine Handvoll Saatkorn zeigst,
wird vor seinem geistigen Auge
ein Feld goldenen Weizens erstehen.
Doch zeigt du einem Narren eine Handvoll Saat,
wird er nur das sehen, was vor ihm liegt,
und wird sie wertlose Kiesel nennen.
Und so wie das Feld des Weisen
Getreide in Fülle hervorbringt
und das Feld des Narren

nur eine Ernte von Steinen,
so ist es mit unseren Gedanken.
So wie die Garbe goldenen Weizens
im winzigen Korn sich verbirgt,
so liegt das Himmlische Königreich
in unseren Gedanken verborgen.
Wenn sie von der Kraft,
der Liebe und der Weisheit
der Engel des Himmelsvaters erfüllt sind,
werden sie uns zum Himmlischen Meer tragen.
Aber wenn sie befleckt sind
mit Verderbtheit, Haß und Unwissen,
werden sie uns an die Säulen
des Schmerzes und Leidens ketten.
Niemand kann zwei Herren dienen;
noch können böse Gedanken in einem Geist wohnen,
der vom Licht des Gesetzes erfüllt ist.
Wer den Frieden im Geiste fand, hat gelernt,
in Höhen zu steigen über das Reich der Engel hinaus.
Erkenne diesen Frieden in deinem Geist,
ersehne diesen Frieden mit deinem Herzen,
erfülle diesen Frieden mit deinem Körper.

Gesegnet ist das Kind des Lichts,
das reinen Herzens ist,
denn es soll Gott schauen.
Denn so wie der Himmlische Vater
dir seinen heiligen Geist gab,
und deine Erdenmutter dir

ihren heiligen Körper,
so sollst du Liebe geben all deinen Brüdern.
Und deine wahren Brüder sind all jene,
die den Willen erfüllen deines Himmelsvaters
und deiner Erdenmutter.
Laß deine Liebe der Sonne gleichen,
die alle Geschöpfe der Erde bescheint
und keinen Grashalm dem anderen vorzieht.
Und diese Liebe soll fließen
wie ein Springbrunnen
von Bruder zu Bruder,
und so wie sie gibt,
soll sie wieder aufgefüllt werden.
Denn Liebe ist ewig.
Liebe ist stärker
als die Strömung reißenden Wassers,
Liebe ist stärker als der Tod.
Und wenn ein Mensch keine Liebe hat,
baut er einen Wall zwischen sich
und allen Geschöpfen der Erde, und darinnen
verharrt er
in Einsamkeit und Schmerz.
Oder er wird zu einem wütenden Strudel,
der alles, was ihm zu nahe kommt,
in seine Tiefen einsaugt.
Denn das Herz ist ein Meer mit mächtigen Wogen,
die Liebe und Weisheit besänftigen müssen,
so wie die warme Sonne durch Wolken bricht und
die unruhige See besänftigt.

Wer Friede mit seinen Brüdern erreicht hat,
hat das Reich der Liebe betreten
und wird Gott persönlich schauen.
Erkenne diesen Frieden mit deinem Geist,
ersehne diesen Frieden mit deinem Herzen,
erfülle diesen Frieden mit deinem Körper.

Gesegnet ist das Kind des Lichts,
das auf Erden
das Himmlische Reich errichtet,
denn es wird in beiden Welten wohnen.
Du sollst dem Gesetz der Bruderschaft folgen,
das besagt, niemand soll Reichtümer haben
und niemand soll arm sein,
und alle sollen zusammenarbeiten
im Garten der Bruderschaft.
Doch jeder soll seinem eigenen Weg folgen
und soll sein eigenes Herz zu Rate ziehen.
Denn im Unendlichen Garten
gibt es viele verschiedene Blumen:
Wer will sagen, daß eine die beste ist,
weil ihre Farbe purpurn,
oder die andere begünstigt ist,
weil sie langstielig ist und zart?
Die Brüder mögen verschieden aussehen,
doch alle arbeiten
im Weinberg der Erdenmutter,
und alle erheben ihre Stimmen gemeinsam
zum Preise des Himmlischen Vaters.

Und gemeinsam brechen sie das heilige Brot
und teilen in Schweigen das heilige Dankesmahl.
Es wird keinen Frieden geben
unter den Menschen,
bis nicht die Erde
ein Garten der Bruderschaft ist.
Denn wie soll Frieden sein,
wenn jeder Mensch eigennützig handelt
und seine Seele in die Sklaverei verkauft?
Du, Kind des Lichts,
verbünde dich mit deinen Brüdern,
und dann geh aus, die Wege des Gesetzes
jenen zu lehren, die hören wollen.
Wer Frieden fand
mit der Bruderschaft der Menschen
ist zum Mitarbeiter Gottes geworden.
Erkenne diesen Frieden mit deinem Geist,
ersehne diesen Frieden mit deinem Herzen,
erfülle diesen Frieden mit deinem Körper.

Gesegnet ist das Kind des Lichts,
das das Buch des Gesetzes studiert,
denn es soll wie eine Fackel
im Dunkel der Nacht sein,
und eine Insel der Wahrheit
in einem Meer von Falschheit.
Denn wisset, das geschriebene Wort,
das von Gott kommt,
ist ein Abglanz des Himmlischen Meeres,

so wie die leuchtenden Sterne
das Anlitz des Himmels spiegeln.
Wie die Worte der Alten
mit der Hand Gottes
in die Heiligen Schriftrollen eingeritzt sind,
so ist das Gesetz eingegraben
in die Herzen der Gläubigen,
die sie studieren.
Denn man berichtet aus alten Zeiten,
daß es am Anfang Riesen auf Erden gab
und große Männer der Vorzeit,
die hohes Ansehen genossen.
Und die Kinder des Lichts
sollen ihr geschriebenes Wort
behüten und bewahren,
damit wir nicht wieder wie Tiere werden
und das Reich der Engel nicht kennen.
Wißt auch, daß ihr nur
durch das geschriebene Wort
das ungeschriebene Gesetz findet,
so wie der Quell, der dem Grunde entspringt,
einen verborgenen Ursprung hat
in den geheimen Tiefen der Erde.
Das geschriebene Gesetz ist das Mittel,
um das ungeschriebene Gesetz zu verstehen,
so wie der stumme Zweig eines Baumes
eine singende Flöte wird
in des Schäfers Händen.
Es sind ihrer viele,

die im ruhigen Tal des Unwissens bleiben wollen,
wo Kinder spielen und Schmetterlinge
die kurze Zeit ihres Lebens
in der Sonne dahintanzen.
Aber niemand kann dort lange verweilen,
denn vor ihnen türmen sich
die düsteren Berge des Lernens auf.
Viele gibt es, die den Anstieg fürchten,
und viele sind zerschlagen und blutend
von ihren steilen, zerklüfteten Hängen
herabgestürzt.
Doch Glaube ist ein Führer
über die klaffenden Schluchten
und Ausdauer ein fester Stand im schartigen Fels.
Jenseits der eisigen Gipfel des Ringens
liegt der Unendliche Garten der Weisheit
in Frieden und Schönheit,
wo der Sinn des Gesetzes
den Kindern des Lichts bekannt gemacht wird.
Hier im Mittelpunkt seiner Wälder
steht der Baum des Lebens,
Geheimnis aller Mysterien.
Wer Frieden gefunden hat
in den Lehren der Alten,
durch das Licht der Natur
und durch das Studium des Heiligen Wortes,
hat die wolkengefüllte Halle der Alten betreten,
wo die heilige Bruderschaft wohnt,
von der niemand sprechen darf.

Erkenne diesen Frieden mit deinem Geist,
ersehne diesen Frieden mit deinem Herzen,
erfülle diesen Frieden mit deinem Körper.

Gesegnet ist das Kind des Lichts,
das seine Erdenmutter kennt,
denn sie schenkt das Leben.
Wisse, deine Mutter ist in dir,
und du bist in ihr.
Sie gebar dich, und sie gibt dir Leben.
Sie war es, die dir deinen Körper gegeben hat,
und ihr sollst du ihn
eines Tages wieder zurückgeben.

Wisse, das Blut in deinen Adern
stammt vom Blut deiner Erdenmutter.
Ihr Blut fällt herab aus den Wolken,
springt hoch aus dem Schoß der Erde,
plaudert in den Gebirgsbächen,
fließt weit dahin in den Flüssen der Ebene,
schläft in den Seen,
wütet mächtig im stürmischen Meer.

Wisse, die Luft, die du einatmest,
ist dem Atem deiner Erdenmutter entstiegen.
Ihr Atem weht im Blau der himmlischen Höhen,
er rauscht in den Bergesgipfeln,
wispert in den Blättern der Bäume,
wogt über den Kornfeldern,

schlummert in den tiefen Tälern,
brennt heiß in der Wüste.

Wisse, die Härte deiner Knochen
entstammt dem Gebein deiner Erdenmutter,
den Felsen und Steinen.

Wisse, die Zartheit deines Fleisches
kommt vom Fleisch deiner Erdenmutter,
deren Fleisch golden und rot
in den Früchten der Bäume schimmert.

Das Licht deiner Augen, das Hören deiner Ohren,
sie sind aus den Farben und Tönen
deiner Erdenmutter entstanden,
die dich umgibt, wie die Wellen des Meeres einen Fisch,
wie die wirbelnde Luft einen Vogel.
Ich sage euch wahrlich,
der Mensch ist der Sohn der Erdenmutter;
von ihr hat der Menschensohn
den gesamten Körper erhalten,
so wie im Schoße der Mutter
das Neugeborene seinen Körper erhält.
Ich sage euch wahrlich,
ihr seid eins mit der Erdenmutter.
Aus ihr seid ihr geboren,
in ihr lebt ihr
und in sie werdet ihr zurückkehren.

Haltet darum ihre Gesetze,
denn niemand kann lange leben und glücklich sein,
der seine Erdenmutter nicht ehrt
und ihre Gesetze nicht befolgt.
Denn dein Atem ist ihr Atem,
dein Blut ist ihr Blut,
deine Knochen sind ihre Knochen,
dein Fleisch ist ihr Fleisch,
deine Augen und deine Ohren
sind ihre Augen und ihre Ohren.
Wer den Frieden bei seiner Erdenmutter
gefunden hat,
wird niemals den Tod erfahren.
Erkenne diesen Frieden mit deinem Geist,
ersehne diesen Frieden mit deinem Herzen,
erfülle diesen Frieden mit deinem Körper.

Gesegnet ist das Kind des Lichts,
das seinen Himmelsvater sucht,
denn es wird das ewige Leben haben.
Wer im Geheimnis des Allerhöchsten ruht,
wird im Schatten des Allmächtigen wohnen.
Denn er wird dich in die Obhut seiner Engel geben
und dich auf all deinen Wegen bewahren.
Wisse, der Herr ist unsere Wohnstatt gewesen
alle Generationen hindurch.
Bevor die Berge entstanden
oder die Erde und die Welt geschaffen wurden,
ja, von Ewigkeit zu Ewigkeit

hat es Liebe gegeben
zwischen dem Himmelsvater und seinen Kindern.
Und wie sollte diese Liebe je enden?
Vom Anbeginn bis zum Ende der Zeiten
umschließt die heilige Flamme der Liebe
die Häupter des Himmlischen Vaters und
der Kinder des Lichts:
Wie denn sollte diese Liebe erlöschen?
Denn sie brennt nicht wie eine Kerze,
noch wie ein Feuer, das in den Wäldern wütet.
Nein, sie brennt mit der Flamme des ewigen Lichts,
und diese Flamme kann sich nicht aufzehren.
Ihr, die ihr den Himmelsvater liebt,
erfüllt sein Gebot:
Wandelt mit seinen heiligen Engeln
und findet euren Frieden
in seinem Heiligen Gesetz.
Denn sein Gesetz umfaßt alles,
ja, es ist das Gesetz der Gesetze.
Durch sein Gesetz hat er Erde und Himmel
als Einheit geschaffen;
die Berge und die Seen sind seine Fußbänke.
Mit seinen Händen schuf er uns
und gab uns Gestalt,
und er gab uns den Geist,
sein Gesetz zu verstehen.
Das Licht bedeckt ihn wie ein Gewand:
Er breitet den Himmel aus wie einen Vorhang,
er macht die Wolken zu seinem Wagen,

er wandelt auf den Schwingen des Windes,
er schickt die Quellen in die Täler
und sein Atem bewegt die mächtigen Bäume.
In seiner Hand liegen die Tiefen der Erde:
sein ist auch die Kraft der Berge.
Das Meer ist sein,
und seine Hände schufen das trockene Land.
Alle Himmel rühmen die Herrlichkeit Gottes,
und das Himmelsgewölbe enthüllt sein Gesetz.
Und seinen Kindern schenkt er sein Reich,
jenen, die mit seinen Engeln wandeln,
und ihren Frieden in seinem Heiligen Gesetz finden.
Wollt ihr mehr wissen, meine Kinder?
Wie kann von unseren Lippen kommen,
was nicht gesagt werden kann?
Es ist, als würde ein Granatapfel
von einem Stummen gegessen,
wie könnte er seinen Geschmack schildern?
Wenn wir sagen, der Himmlische Vater
wohnt in uns,
dann sind die Himmel beschämt;
wenn wir sagen, Er wohnt draußen,
ist es falsch.

Das Auge, das den fernen Horizont absucht,
und das Auge, das in die Herzen blickt,
hat Er als ein Auge erschaffen.
Er ist nicht offenbar,
Er ist nicht verborgen,

Er ist nicht enthüllt,
noch ist Er verhüllt.
Meine Kinder, es gibt keine Worte,
zu sagen, was Er ist!
Wir wissen nur dies,
wir sind Seine Kinder,
Er ist unser Vater.
Er ist unser Gott,
und wir sind Seines Reiches Kinder
und die Schafe in Seiner Hand.
Wer Seinen Frieden beim Himmelsvater fand,
hat das Heiligtum des göttlichen Gesetzes betreten
und ist einen Bund mit Gott eingegangen,
der ewig währt.
Erkenne diesen Frieden mit deinem Geist,
ersehne diesen Frieden mit deinem Herzen,
erfülle diesen Frieden mit deinem Körper.

Himmel und Erde mögen vergehen,
aber kein Buchstabe des Heiligen Gesetzes
soll sich wandeln oder vergehen.
Denn das Gesetz war am Anfang,
und das Gesetz war bei Gott,
und das Gesetz war Gott.
Möge der siebenfache Friede
des Himmlischen Vaters
immer mit euch sein.»

Fragmente aus den Schriftrollen vom Toten Meer

Und Enoch ging mit Gott;
und er war nicht,
denn Gott nahm ihn.
Essener Genesis 5:24

Das Gesetz wurde gepflanzt in den
Garten der Bruderschaft,
um das Herz der Menschen zu erleuchten
und alle Wege wahrer Rechtschaffenheit
geradlinig zu machen:
Einen demütigen Geist, ein ausgeglichenes Gemüt,
ein mitfühlendes Wesen und unendliche Güte,
Verständnis und Einsicht, und mächtige Weisheit,
die an alle Werke Gottes glaubt,
und zuversichtliches Vertrauen in seine vielen Segnungen,
und wissenden Einblick in die große Ordnung,
eine treue Gesinnung gegenüber
allen Kindern der Wahrheit,
strahlende Reinheit, die alles Unreine verabscheut,
Verschwiegenheit hinsichtlich
aller verborgenen Wahrheiten
und Geheimnissen des inneren Wissens.

Aus dem *Schulungshandbuch*
der Schriftrollen vom Toten Meer

Du hast mir Deine tiefen Geheimnisse offenbart,
alles besteht durch Dich,
und es gibt niemanden neben Dir.
Durch Dein Gesetz hast Du mein Herz gelenkt,
so daß ich meine Schritte geradeaus
auf den rechten Weg lenke
und dort gehe, wo Du gegenwärtig bist.

Aus dem *Hymnenbuch VII*
der Schriftrollen vom Toten Meer

Das Gesetz wurde aufgestellt,
um die Kinder des Lichts zu belohnen
mit Heilkraft und Frieden in Fülle,
mit langem Leben,
mit fruchtbarer Saat unendlicher Segnungen,
mit ewiger Freude
in der Unsterblichkeit ewigen Lichts.

Aus dem *Schulungshandbuch*
der Schriftrollen vom Toten Meer

Ich danke Dir, Himmlischer Vater,
daß Du mich zur Quelle
rinnender Ströme geführt hast,
zur Wasserstelle in dürrem Land,
zu einem lebendigen Brunnen,
der einen unendlichen Wundergarten bewässert,
den Lebensbaum, das höchste Geheimnis,
der unaufhörlich in ewigem Wachstum
neue Zweige austreibt,

die ihre Wurzeln in den aus ewiger Quelle
fließenden Lebensstrom senken.
Und Du, Himmlischer Vater,
beschütze ihre Früchte
mit den Engeln des Tages und der Nacht
und mit Flammen ewigen Lichts,
die überall brennen.

Aus den *Danksage-Psalmen*
der Schriftrollen vom Toten Meer

Ich bin dankbar, Himmlischer Vater,
denn Du hast mich zu einer
unendlichen Höhe erhoben,
wo ich in den Wundern der Wahrheit wandle.
Du gewährst mir Führung,
Deine ewige Gegenwart zu erlangen
aus den Tiefen der Erde.
Du hast meinen Körper gereinigt,
damit er in das Heer der Erdenengel eintreten kann.
Du hast meinen Geist gereinigt,
um zur Gemeinschaft der Engel des Himmels
zu gelangen.
Du gabst dem Menschen die Ewigkeit,
um in freudigen Liedern
zur Morgen- und Abenddämmerung
Deine Werke und Wunder zu preisen.

Aus den *Danksage-Psalmen*
der Schriftrollen vom Toten Meer

Ich will Deine Werke
mit Gesängen der Dankbarkeit preisen,
unaufhörlich, regelmäßig,
im Kreislauf des Tages und seiner festen Ordnung,
wenn das Licht am Morgen seiner Quelle entströmt
und an der Wende des Abends zurückkehrt,
beim Verdämmern der Dunkelheit
und dem Kommen des Tages,
unaufhörlich, zu allen Zeiten.

Aus den *Danksage-Psalmen*
der Schriftrollen vom Toten Meer

Möge er dich mit allem Guten segnen,
möge er dich von allem Bösem fernhalten
und dein Herz mit lebendigem Wissen erleuchten
und dir ewige Weisheit schenken.
Und möge sein siebenfacher Segen auf dir ruhen
und dir ewigen Frieden geben.

Aus dem *Schulungshandbuch*
der Schriftrollen vom Toten Meer

Mit dem Kommen des Tages
umarme ich meine Mutter,
mit dem Kommen der Nacht
wende ich mich meinem Vater zu,
und wenn Morgen und Abend vergehen
will ich ihrer Ordnung folgen,

und diesen Bund will ich nicht brechen
bis zum Ende der Zeiten.

Aus dem *Schulungshandbuch*
der Schriftrollen vom Toten Meer

Und er gab dem Menschen zwei Geister zur Seite,
mit denen er gehen sollte:
Den Geist der Wahrheit
und den Geist der Falschheit.
Die Wahrheit ist aus der Quelle des Lichts geboren,
die Falschheit aus dem Brunnen der Finsternis.
Die Herrschaft über alle Kinder der Wahrheit
liegt in den Händen der Engel des Lichts,
damit sie im Lichte wandeln.
Die Geister der Wahrheit und Falschheit
liegen im Herzen des Menschen im Streit,
der mit Weisheit oder Narrheit handelt.
Wann immer im Menschen die Wahrheit überwiegt,
wird er die Finsternis meiden.
Segen über alle, die dem Gesetz folgen,
die auf allen Wegen wahrhaftig sind.
Möge das Gesetz sie mit allem Guten segnen,
sie vom Bösen fernhalten
und ihre Herzen
mit Einsicht in die Dinge des Lebens erleuchten
und mit Wissen um die ewigen Wahrheiten ehren.

Aus dem *Schulungshandbuch*
der Schriftrollen vom Toten Meer

Ich habe die innere Vision erlangt
und durch Deinen Geist in mir
Dein wunderbares Geheimnis erfahren.
Durch Deine mystische Einsicht
hast du einen Quell des Wissens
in mir aufsprudeln lassen,
einen Springbrunnen der Kraft,
aus dem lebendige Wasser aufsteigen,
eine Flut der Liebe
und allumfassender Weisheit,
gleich dem Glanz des ewigen Lichts.

Aus dem *Hymnenbuch*
der Schriftrollen vom Toten Meer

Aus dem Essener Buch des Wahren Lehrers

Und der Meister begab sich an das Ufer eines Flusses, wo die Menschen versammelt waren, die nach seinen Worten hungerten. Er segnete sie und fragte nach ihren Kümmernissen. Und einer sprach: «Meister, sage uns, welche Dinge sollen wir wertschätzen, und welche Dinge sollen wir verachten?»

Und der Meister antwortete und sprach:

«Alle Übel, unter denen die Menschen leiden, werden durch Dinge veranlaßt, die außerhalb von uns liegen; denn das, was in uns ist, kann uns niemals leiden machen. Ein Kind stirbt, ein Vermögen geht verloren, Haus und Felder verbrennen, und alle Leute sind hilflos und schreien auf: ‹Was soll ich jetzt tun? Was wird mir nun geschehen? Wird dies einmal ein Ende nehmen?› Solche Worte gebrauchen jene, die über Ereignisse, die ihnen zustoßen, jammern und jauchzen, Ereignisse, auf die sie keinen Einfluß haben. Aber, wenn wir über etwas klagen, was nicht in unsere Macht gegeben ist, gleichen wir dem kleinen Kind, das weint, wenn die Sonne den Himmel verläßt. Es wird von alters her gesagt, du sollst nichts begehren, was deinem Nachbarn gehört; und jetzt sage ich euch, du sollst nichts begehren, was nicht in deiner Macht liegt, denn nur das, was in dir ist, gehört dir; und das, was außerhalb von dir ist, gehört einem anderen. Darin liegt Glück: Zu wissen, was dein ist und was nicht dein ist. Wenn du dir ewiges Leben wünschst, halte an der Ewigkeit in dir fest und greife nicht nach den Schatten der Welt der Menschen, in denen die Saat des Todes steckt.

Ist nicht alles, was außer dir geschieht, außerhalb deiner Macht? So ist es. Und liegt deine Kenntnis von Gut und Böse nicht in dir? Es ist so. Hast du es dann nicht in deiner Macht, alles, was geschieht, im Lichte von Weisheit und Liebe zu behandeln, statt in Trauer und Verzweiflung? Es ist so. Kann dich irgendein Mensch hindern, so zu handeln? Niemand kann es. Dann sollst du nicht aufschreien: ‹Was soll ich tun? Was wird mir nun geschehen? Wird dies bald vorübergehen?› Denn was immer geschieht, du sollst es im Lichte von Weisheit und Liebe beurteilen und alle Dinge mit den Augen der Engel betrachten.

Denn dein Glück danach abzuwägen, was dir zustoßen kann, macht dich zum Sklaven. Und den Engeln gemäß leben, die in dir sprechen, ist frei zu sein. Du sollst in Freiheit leben als wahrer Sohn Gottes und dein Haupt nur vor den Geboten der göttlichen Ordnung beugen. Auf solche Weise sollst du leben, daß du, wenn der Todesengel auf dich zukommt, deine Hände zu Gott erheben und rufen kannst: ‹Die Kommunionen, die ich von dir erhalten habe, weil ich dein Gesetz kannte und auf den Wegen der Engel wandelte, habe ich nicht mißachtet: Ich habe dich durch meine Handlungen nicht entehrt. Siehe, wie ich das innere

Auge benutzt habe. Habe ich dir jemals Vorwürfe gemacht? Habe ich gegen das, was mir geschah, losgeschrien oder gewünscht, es möge anders ausfallen? Habe ich dein Gesetz übertreten wollen? Du hast mir das Leben gegeben, ich danke dir für alles, was du mir geschenkt hast. Solange ich die Dinge, die dir gehören, gebraucht habe, bin ich zufrieden: Nimm sie zurück und tue sie hin, wo du willst, denn dein ist alles, jetzt und in Ewigkeit.›

Wisse, daß niemand zwei Herren dienen kann. Du kannst nicht die Reichtümer der Welt begehren und dazu das Himmlische Reich besitzen. Du kannst nicht wünschen, Land zu besitzen und Macht über Menschen zu haben und auch das Himmlische Reich. Reichtum, Land und Macht, diese Dinge gehören niemand, denn sie sind von dieser Welt. Aber das Reich des Himmels ist für immer dein, denn es ist in dir. Und wenn du begehrst und suchst, was dir nicht gehört, dann wirst du gewiß das verlieren, was dein ist. Wisset, denn ich sage es euch wahrlich, daß nicht gegeben noch erhalten wird für nichts. Alles in der Welt der Menschen und der Engel hat einen Preis. Wer Reichtum und Kostbarkeiten ansammeln will, muß umherrennen und die Hände von jenen küssen, die er nicht bewundert, verschwendet seine Kraft an anderer Leute Türen, sagt und tut viele falsche Dinge, macht Geschenke aus Gold und Silber, gibt süße Öle; all das und mehr muß ein Mann tun, der Geld und Gunst haben will. Und wenn du es erreicht hast, was besitzt du dann? Sichern dir Reichtum und Macht Freiheit von Furcht, einen ruhigen Geist, einen Tag in Gesellschaft der Engel der Erdenmutter, eine Nacht in Gemeinschaft mit den Engeln des Himmelsvaters? Glaubst du, du erhältst solche großen Dinge für nichts? Wenn ein Mensch zwei Herren hat, wird er entweder den einen hassen und den anderen lieben; oder er wird zum einen halten und den anderen verachten. Ihr könnt nicht Gott und zugleich der Welt dienen. Vielleicht versiegt dein Brunnen, kostbares Öl wird vergossen, dein Haus brennt, deine Ernte verdorrt: aber du begegnest dem, was dich trifft, mit Weisheit und Liebe. Der Regen wird den Brunnen wieder füllen, Häuser können wieder aufgebaut werden, neue Saat kann gesät werden; alle diese Dinge gehen vorüber, kommen wieder und vergehen erneut. Aber das Himmlische Königreich ist ewig und wird nicht vergehen. Darum tauscht nicht, was ewig ist für etwas ein, was in einer Stunde vergeht.

Wenn dich Menschen fragen, zu welchem Land du gehörst, so sage nicht, du gehörst zu diesem Land oder jenem, denn in Wahrheit ist es nur dieser arme Körper, der in einem kleinen Winkel der Erde geboren wurde. Aber du, o Kind des Lichts, gehörst der Bruderschaft an, die alle Himmel und was darüber ist umfaßt; und von deinem Himmelsvater ist nicht nur der Same deines Vaters und Großvaters herabgekommen, sondern der aller Lebewesen der Erde. Wahrlich, du bist ein Sohn Gottes, und alle Menschen sind deine Brüder; und Gott zum Schöpfer und Vater und Beschützer zu haben, soll uns das nicht von aller Sorge und Angst befreien?

Darum sage ich euch, verschwendet keinen Gedanken daran, weltliche Güter anzuhäufen, Besitz, Gold und Silber, denn dies bringt nur Verderben und Tod. Denn je größer dein Geldschatz, desto dicker werden die Wände deines Grabes sein. Öffne die Fenster deiner Seele weit und atme die frische Luft eines freien Menschen! Warum sorgt ihr euch um Kleidung? Sehet die Lilien auf dem Feld, wie sie wachsen: sie plagen sich nicht, noch spinnen sie; und doch sage ich euch, selbst Salomon in all seiner Herrlichkeit war nicht geschmückt wie eine von diesen. Warum sorgt ihr euch um Nahrung? Sehet die Gaben eurer Mutter Erde: die reifen Früchte der Bäume, das goldene Korn ihres Erdreichs. Warum richtet ihr eure Gedanken auf Haus und Ländereien? Ein Mensch kann euch das nicht verkaufen, was ihm nicht gehört, und ihm kann nicht gehören, was bereits allen gehört. Diese weite Erde ist dein, und alle Menschen sind deine Brüder. Die Engel deiner Erdenmutter begleiten dich bei Tage und die Engel deines Himmelsvaters in der Nacht, und in dir hast du das heilige Gesetz. Es ziemt nicht dem Sohn eines Königs, nach einem Narrenzepter in der Gosse zu gieren. Nimm denn deinen Platz an der Festtafel ein und mache deinem Erbe Ehre. Denn in Gott leben wir und gehen wir voran und haben in ihm unser Sein. Wahrlich, wir sind seine Söhne und er ist unser Vater.

Der nur ist frei, der lebt, wie er zu leben wünscht; der in seinen Handlungen nicht behindert ist und dessen Wünsche ihr Ziel erreichen. Wer keinen Einschränkungen unterliegt, ist frei, aber wer bedrängt und behindert werden kann, ist gewiß ein Sklave. Aber wer ist nicht ein Sklave? Nur jener Mensch, der nichts begehrt, was anderen gehört. Und was gehört euch? Meine Kinder, nur das Himmelsreich in euch, wo das Gesetz eures Himmelsvaters wohnt, ist euer. Das Himmelreich ist wie ein Kaufmann, der gute Perlen sucht: als er eine Perle von hohem Wert fand, ging er hin und verkaufte alles, was er besaß, und kaufte sie. Und wenn diese eine kostbare Perle dein ist für immer, warum verschacherst du sie für Kieselsteine? Wisse, dein Haus, dein Land, deine Söhne und Töchter, alle Freuden des Glücks und die Sorgen schwerer Prüfungen, ja sogar die Meinung, die andere von dir haben, all diese Dinge gehören dir nicht. Und wenn du diese Dinge begehrst und an ihnen festhälst und dich sorgst um sie und dich aufregst, dann bist du in Wahrheit ein Sklave, und in Sklaverei wirst du bleiben.

Meine Kinder, laßt die Dinge, die euch nicht gehören, sich nicht an euch festsetzen! Laß die Welt sich nicht an dich klammern, wie der rankende Wein mit der Eiche verwächst, so daß du Schmerzen erleidest, wenn sie von dir weggerissen wird.

Nackt kamst du aus dem Schoß deiner Mutter, und nackt sollst du dorthin zurückkehren. Die Welt gibt, und die Welt nimmt. Aber keine Macht im Himmel und auf Erden kann dich dem Heiligen Gesetz entreißen, das in dir wohnt. Du magst deine Eltern erschlagen sehen und aus deinem Land vertrieben werden; dann sollst du freudigen Herzens gehen und in einem anderen leben, und mit Mitleid sollst du auf den Mörder deiner Eltern blicken und wissen, daß seine Tat ihn selbst trifft. Denn du kennst deine wahren Eltern, und du lebst sicher in deinem rechten Land. Denn deine wahren Eltern sind deine Erdenmutter und dein Himmelsvater, und deine wahre Heimat ist das Himmlische Reich. Der Tod kann dich niemals von deinen wahren Eltern trennen, und aus deiner wahren Heimat wirst du nicht verbannt. Und in dir ist ein Fels, der alle Stürme übersteht, das Heilige Gesetz, dein Schutz und deine Rettung.»

Fragmente aus dem Essener Evangelium des Johannes

Am Anfang war das Gesetz, und das Gesetz war bei Gott, und das Gesetz war Gott. Am Anfang war alles Eins. Alle Dinge wurden von ihm erschaffen; und ohne ihn gab es nichts. In ihm war Leben; und das Leben war der Menschen Licht. Und das Licht scheint in der Finsternis; und die Finsternis begriff es nicht.

Vom fernen Ort in der Wüste kamen die Brüder, um von dem Licht zu zeugen, damit durch sie alle Menschen im Licht des Heiligen Gesetzes leben könnten. Denn das wahre Licht erleuchtet jeden Menschen, der in die Welt kommt, aber die Welt weiß es nicht. Aber viele empfangen das Gesetz, und ihnen ist die Kraft gegeben, Söhne Gottes zu werden und in das Meer der Ewigkeit einzutauchen, wo der Lebensbaum steht.

Und Jesus lehrte sie und sprach: «Wahrlich, wahrlich, ich sage euch, wenn der Mensch nicht wiedergeboren wird, kann er das Himmlische Reich nicht sehen.»

Und ein Mann fragte: «Wie kann ein Mensch geboren werden, wenn er alt ist? Kann er ein zweites Mal in seiner Mutter Schoß eintreten und geboren werden?»

Und Jesus antwortete: «Wahrlich, wahrlich, ich sage euch, nur wenn ein Mensch von der Erdenmutter und dem Himmelsvater geboren wird und mit den Engeln des Tages und der Nacht wandelt, kann er in das Ewige

Königreich eintreten. Was vom Fleische geboren wird, ist Fleisch, und was vom Geiste geboren wird, ist Geist. Und das Fleisch deines Körpers ist von der Erdenmutter geboren, und der Geist in dir ist vom Himmelsvater geboren. Der Wind bläst, wohin er will, und du hörst seinen Laut, aber du kannst nicht sagen, woher er kommt. So ist es mit dem Heiligen Gesetz. Alle Menschen hören davon, aber kennen es nicht, weil es vom ersten Atemzug an in ihnen ist. Aber wer vom Himmelsvater und der Erdenmutter wiedergeboren ist, wird mit neuen Ohren hören und mit neuen Augen sehen, und die Flamme des Heiligen Gesetzes wird in ihm angefacht werden.»

Und ein Mensch fragte: «Wie kann das sein?»

Und Jesus antwortete und sprach zu ihm:

«Wahrlich, wahrlich, ich sage dir: Wir sagen euch, was wir wissen, und bezeugen, was wir gesehen haben, und ihr nehmt unser Zeugnis an. Denn der Mensch ist geboren, um mit den Engeln zu wandeln, aber statt dessen sucht er Edelsteine im Schlamm. Der Himmelsvater hat ihm sein Erbe übertragen, auf daß er das Reich des Himmels auf Erden baue, aber der Mensch hat seinem Vater den Rücken gekehrt und betet die Welt an und ihre Trugbilder. Und dies ist die Verdammung, daß das Licht in die Welt gekommen ist, und die Menschen die Finsternis mehr lieben als das Licht, denn ihre Taten sind böse. Denn jeder, der Böses tut, haßt das Licht, noch kommt er zum Licht. Denn wir alle sind Söhne Gottes, und in uns ist Gott verherrlicht. Und das Licht, das Gott und seine Kinder umstrahlt, ist das Licht des Heiligen Gesetzes. Und er, der das Licht haßt, verleugnet seinen Vater und seine Mutter, die ihn geboren haben.»

Und ein Mann fragte: «Meister, wie können wir das Licht erkennen?»

Und Jesus antwortete:

«Wahrlich, wahrlich, ich gebe euch ein neues Gebot: daß ihr einander liebet, so wie die euch lieben, die zusammen im Garten der Bruderschaft arbeiten. Dadurch sollen alle Menschen wissen, daß auch ihr Brüder seid, so wie wir alle Brüder Gottes sind.»

Und ein Mann sagte: «Du redest immer von der Bruderschaft, aber wir können nicht alle der Bruderschaft angehören. Doch wir möchten das Licht verehren und die Finsternis meiden, denn niemand ist unter uns, der das Böse wünscht.»

Und Jesus antwortete:

«Laß dein Herz nicht unruhig werden: ihr glaubt an Gott. Wisset, in unseres Vaters Haus sind viele Räume, und unsere Bruderschaft ist nichts als ein dunkles Glas, das die Himmlische Bruderschaft widerspiegelt, zu der alle Geschöpfe des Himmels und der Erde gehören. Die Bruderschaft ist der Weinstock, und unser Himmelsvater ist der Weinbauer. Jeden unserer Zweige, der nicht Frucht trägt, nimmt er hinweg; und jeden Zweig, der Frucht trägt, beschneidet er, damit er mehr Frucht trage. Weile in uns und wir in dir. Wie der Zweig nicht aus sich selbst Frucht tragen kann, es sei denn, er ist mit dem Weinstock verbunden, genau so wenig könnt ihr es, es sei denn, ihr ruht im Heiligen Gesetz, das der Fels ist, auf dem unsere Bruderschaft steht. Wer seine Heimat in der Göttlichen Ordnung hat, der wird viel Frucht tragen; denn ohne das Gesetz können wir nichts tun. Wer nicht im Heiligen Gesetz lebt, wird wie ein Zweig fortgeworfen und er verdorrt. Und die Menschen sammeln die Zweige und werfen sie ins Feuer, wo sie verbrennen.

So wie die Brüder in Liebe zueinander stehen, wie der Engel der Liebe sie lehrt, so bitten wir euch, daß ihr einander liebt. Größere Liebe hat niemand, als einander das Heilige Gesetz zu lehren und jeden anderen wie euch selbst zu lieben. Der Himmelsvater ist in uns, und wir sind in ihm, und wir strecken in Liebe unsere Hände aus und bitten, ihr möget mit uns eins sein. Die Herrlichkeit, die er uns gab, geben wir euch: seid Eins, wie wir Eins sind. Denn der Vater im Himmel hat euch vor Beginn der Schöpfung geliebt.»

So lehrten die Brüder das Heilige Gesetz allen, die es hören wollten, und es wird gesagt, sie taten wunderbare Dinge und heilten die Kranken und Betrübten mit Sonne und Wasser. Und sie taten noch viele andere Dinge. Wenn man jedes einzelne aufschriebe, würde die Welt nicht die Bücher aufnehmen können, die geschrieben werden müßten.

Amen.

Aus dem Essener Buch der Offenbarungen

Siehe, der Engel der Luft soll Ihn bringen
und jedes Auge soll Ihn erblicken,
und die Bruderschaft,
die ganze, große Bruderschaft der Erde
soll im Chor ihre Stimme erheben und singen,
weil Er ist.
So sei es, Amen.

Ich bin Alpha und Omega, der Anfang und das Ende,
was ist, was war und was kommen wird.

Und die Stimme sprach, und ich wandte mich um,
die Stimme zu sehen, die zu mir sprach.
Und umgewandt sah ich sieben goldene Kerzen,
und inmitten ihres strahlenden Lichts
sah ich einen, der dem Menschensohn gleich sah,
weißgekleidet, weiß wie Schnee.
Und seine Stimme füllte die Luft wie der Klang
von rauschendem Wasser,
und in seinen Händen waren sieben Sterne,
voll des flammenden Lichts der Himmel,
aus denen sie kamen.
Und als er sprach, war sein Gesicht strömendes Licht,
golden leuchtend wie tausend Sonnen.

Und er sagte: «Fürchte dich nicht,
ich bin der Erste und der Letzte,
ich bin der Anfang und das Ende.
Schreibe die Dinge auf, die du sahst,
und die Dinge, die sind,
und die Dinge, die hierauf folgen,
das Mysterium der sieben Sterne,
die meine Hände füllen,
und die sieben goldenen Kerzen,
lodernd von ewigem Licht.
Die sieben Sterne sind die Engel des Himmelsvaters,
die sieben Kerzen sind die Engel der Erdenmutter.
Und der menschliche Geist ist die Flamme,
die zwischen Sternenlicht und glühender Kerze strömt,
eine Brücke heiligen Lichts
zwischen Himmel und Erde.»

So spricht er, der sieben Sterne in den Händen hält,
der inmitten der Flammen
von sieben goldenen Kerzen wandelt:
Wer Ohren hat, laß ihn hören, was der Geist sagt:
«Dem, der siegreich ist,
will ich vom Lebensbaum zu essen geben,
der inmitten des leuchtenden Paradieses Gottes steht.»

Und dann schaute ich, und siehe,
eine Tür wurde im Himmel geöffnet,
und eine Stimme, die von allen Seiten erdröhnte,
wie eine Trompete, sprach zu mir:

«Komm herauf, hierher,
und ich will dir Dinge zeigen,
die später geschehen müssen.»

Und augenblicklich war ich dort, im Geist,
an der Schwelle der offenen Tür.
Und ich trat durch die offene Tür
in ein Meer strahlenden Lichts.

Und in der Mitte des blendenden Ozeans von Glanz
war ein Thron,
und auf dem Thron saß einer, dessen Gesicht verhüllt war.
Und um den Thron herum war ein Regenbogen,
der schimmerte wie ein Smaragd.
Und um den Thron waren dreizehn Sitze,
und auf den Sitzen sah ich dreizehn Älteste sitzen,
die in weiße Gewänder gehüllt waren,
ihre Gesichter verborgen
durch wirbelnde Wolken des Lichts.
Und sieben Lampen brannten vor dem Thron,
die Feuer der Erdenmutter,
und sieben Himmelssterne leuchteten vor dem Thron,
die Feuer des Himmelsvaters.
Und vor dem Thron war ein Meer aus Glas wie Kristall,
darin spiegelten sich
die Berge und Täler und Ozeane der Erde
und alle Geschöpfe, die darinnen wohnten.
Und die dreizehn Ältesten

neigten sich vor dem Glanz dessen,
der auf dem Thron saß mit verhülltem Gesicht,
und von ihren Händen gingen Lichtströme
von einem zum anderen und sie riefen:
«Heilig, heilig, heilig, Herr, allmächtiger Gott,
der war und ist und kommen wird!
Du bist es wert, o Gott,
Ruhm und Ehre und Macht zu erhalten,
denn du hast alle Dinge geschaffen.»

Und dann sah ich in der rechten Hand dessen,
der auf dem Thron saß mit verhülltem Gesicht,
ein Buch, in dem etwas geschrieben stand,
versiegelt mit sieben Siegeln.
Und ich sah einen Engel, der mit lauter Stimme ausrief:
«Wer ist wert, die Siegel zu lösen und
dieses Buch zu öffnen?»

Und kein Wesen im Himmel, noch auf Erden,
noch unter der Erde war fähig,
das Buch zu öffnen, noch hineinzuschauen.
Und ich weinte, weil das Buch sich nicht öffnen ließ,
noch ich lesen konnte, was drinnen geschrieben stand.
Und einer der Ältesten sagte zu mir:
«Weine nicht, strecke deine Hand aus und nimm das Buch,
ja, dieses Buch mit den sieben Siegeln, und öffne es;
denn es wurde für dich geschrieben,
der du zugleich der Niedrigste der Niederen bist
und der Höchste der Hohen.»

Und ich streckte meine Hand aus und berührte das Buch.
Und siehe, der Deckel hob sich,
und meine Hände berührten die goldenen Seiten,
und meine Augen erblickten
das Geheimnis der sieben Siegel.

Und ich schaute, und ich hörte die Stimme vieler Engel
rund um den Thron,
Und es waren zehntausend mal zehntausend an der Zahl,
und Tausende über Tausende, die mit lauter Stimme
riefen:
«Alle Herrlichkeit, Weisheit und Stärke
und Macht für immer und ewig
ihm, der das Geheimnis aller Geheimnisse enthüllt!»
Und ich sah die wirbelnden Wolken goldenen Lichts
eine feurige Brücke bilden, zwischen meinem Händen
und den Händen der dreizehn Ältesten
und den Füßen dessen, der auf dem Thron saß
mit verhülltem Gesicht.

Und ich öffnete das erste Siegel.
Und ich sah und erblickte den Engel der Luft,
und aus seinen Lippen strömte der Atem des Lebens.
Und er kniete über der Erde hin
und gab dem Menschen den Hauch der Weisheit.
Und der Mensch atmete ein.
Und als er wieder ausatmete, wurde der Himmel finster
und die süße Luft wurde faulig und stank,
und Wolken bösen Rauches

hingen dicht über der ganzen Erde;
und ich wandte mein Gesicht ab in Scham.

Und ich öffnete das zweite Siegel.
Und ich sah und erblickte den Engel des Wassers,
und aus seinen Lippen floß das Wasser des Lebens.
Und er kniete über der Erde hin
und gab dem Menschen einen Ozean der Liebe.
Und der Mensch ging hinein
in die klaren und schimmernden Wasser,
und als er das Wasser berührte,
trübten sich die klaren Ströme,
und die kristallenen Wasser wurden Dunkel von Schlamm.
Und die Fische lagen keuchend in der fauligen Schwärze,
und alle Geschöpfe starben vor Durst;
und ich wandte mein Gesicht ab in Scham.

Und ich öffnete das dritte Siegel.
Und ich sah und erblickte den Engel der Sonne,
und aus seinen Lippen strömte das Licht des Lebens.
Und er kniete über der Erde hin
und gab dem Menschen das Feuer mächtiger Kraft.
Und die Stärke der Sonne floß dem Menschen ins Herz;
Und er nahm die Kraft und macht damit eine falsche Sonne,
und er breitete das Feuer der Zerstörung aus,
das die Wälder verbrannte, die grünen Täler verwüstete

und nur die verkohlten Gebeine seiner Brüder zurückließ;
und ich wandte mein Gesicht ab in Scham.

Und ich öffnete das vierte Siegel.
Und ich sah und erblickte den Engel der Freude.
Und aus seinen Lippen floß die Musik des Lebens.
Und er kniete über der Erde hin
und gab dem Menschen das Lied des Friedens,
und Frieden und Freude durchströmten wie Musik
die Seele des Menschen.
Er aber hörte nur schrillen Mißklang
von Kummer und Unzufriedenheit,
und er hob sein Schwert auf
und schlug die Hände der Friedensstifter ab,
und er hob es noch einmal
und schlug die Köpfe der Singenden ab;
und ich wandte mein Gesicht ab in Scham.

Und ich öffnete das fünfte Siegel.
Und ich sah und erblickte den Engel des Lebens,
und aus seinen Lippen floß der Heilige Bund
zwischen Gott und dem Menschen.
Und er kniete über der Erde hin
und gab dem Menschen die Gabe des Schöpfertums.
Und der Mensch machte sich eine Sichel aus Eisen
in Gestalt einer Schlange,
und die Ernte, die er einbrachte, waren Hunger und Tod;
und ich wandte mein Gesicht ab in Scham.
Und ich öffnete das sechste Siegel.

Und ich sah und erblickte den Engel der Erde,
und aus seinen Lippen floß der Strom
ewigen Lebens hervor.
Und er kniete über der Erde hin
und gab dem Menschen
das Geheimnis der Ewigkeit.
Und er hieß ihn, die Augen zu öffnen
und den geheimnisvollen Baum des Lebens
im Meer der Ewigkeit zu schauen.
Aber der Mensch hob seine Hand
und riß sich die eigenen Augen aus
und sagte, es gäbe keine Ewigkeit;
und ich wandte mein Gesicht ab in Scham.

Und ich öffnete das siebte Siegel.
Und ich sah und erblickte den Engel der Erdenmutter;
und er brachte mit sich vom Thron des Himmelsvaters
eine Botschaft flammendes Lichts.
Und diese Botschaft war allein
für die Ohren des Menschen bestimmt,
für ihn, der zwischen Erde und Himmel wandelt,
und in die Ohren des Menschen
wurde die Botschaft geflüstert;
und er hörte sie nicht.
Aber ich wandte nicht mein Gesicht ab in Scham.
Siehe, ich streckte meine Hand
aus zu den Schwingen des Engels,
und ich sandte meine Stimme zum Himmel und sprach:
«Sag mir die Botschaft. Denn ich möchte die Frucht

des Lebensbaumes essen,
der im Meer der Ewigkeit wächst.»

Und der Engel sah mich voll Trauer an,
und im Himmel war Stille.
Und dann hörte ich eine Stimme, die wie die Stimme
einer Trompete klang, sagen:
«O Mensch, willst du das Böse sehen,
das du hervorgebracht hast,
als du dein Anlitz vom Thron Gottes abwandtest,
und keinen Gebrauch machtest von
den Gaben der sieben Engel der Erdenmutter
und der sieben Engel des Himmelsvaters?»
Und mich durchfuhr ein furchtbarer Schmerz,
als ich die Seelen aller jener als meine empfand,
die sich selbst blind gemacht hatten,
so daß sie nur noch die Begierden ihres Fleisches kannten.

Und ich sah die sieben Engel, die vor Gott standen,
und ihnen wurden sieben Trompeten gegeben.
Und noch ein Engel kam und stand am Altar,
in der Hand ein goldenes Weihrauchfaß.
Und man gab ihm eine Menge Räucherwerk,
das er, mit den Gebeten aller Engel, opfern sollte
auf dem goldenen Altar, der vor dem Thron stand.
Und der Rauch des Weihrauchs stieg zu Gott
empor aus des Engels Hand.
Und der Engel nahm das Gefäß
und füllte es mit dem Feuer des Altars

und warf es auf die Erde hinaus;
und dort gab es Geschrei und Donnergetöse
und Blitze und Erdbeben.
Und die sieben Engel mit den Trompeten
setzten zum Blasen an.

Und der erste Engel blies.
Und es kamen Hagel und Feuer, vermischt mit Blut,
die auf die Erde geworfen wurden;
und die grünen Wälder und Bäume verbrannten,
und alles grüne Gras wurde zu Asche.

Und der zweite Engel blies.
Und als er es tat, wurde ein großer, brennender Berg,
in die See geworfen,
und der Erde entquoll dampfendes Blut.

Und der dritte Engel blies.
Und es fiel ein großer Stern vom Himmel,
der brannte wie wie eine Fackel.
Und die Wasser in den Brunnen wurden bitter.

Und der vierte Engel blies.
Und siehe, es gab ein großes Erdbeben
und die Sonne wurde schwarz wie härenes Sacktuch,
und der Mond wurde zu Blut.

Und der fünfte Engel blies.
Und die Sterne des Himmels fielen auf die Erde herab,

wie wenn ein Feigenbaum, von einem mächtigen Sturm geschüttelt, seine unreifen Früchte abwirft.

Und der sechste Engel blies.
Und der Himmel verschwand,
wie wenn eine Schriftrolle sich zusammenrollt.
Und auf der ganzen Erde war nicht ein Baum,
weder Grashalm noch Blume.
Und ich stand auf der Erde
und meine Füße versanken im Boden,
der weich von Blut war,
soweit das Auge reichte.
Und über der ganzen Erde war Stille.

Und der siebte Engel blies.
Und ich sah ein mächtiges Wesen vom Himmel kommen,
mit einer Wolke bekleidet.
Und auf seinem Haupt war ein Regenbogen,
und sein Gesicht glich der Sonne,
und seine Füße waren Säulen aus Feuer.
Und er hatte ein offenes Buch in der Hand,
und er stellte seinen rechten Fuß ins Meer
und seinen linken Fuß auf die Erde.
Und er rief mit lauter Stimme,
die wunderbar anzuhören war:
«O Mensch, willst du diese Vision wahrwerden lassen?»
Und ich antwortete: «Du weißt, O Heiliger, daß ich alles tun würde,diese furchtbaren Dinge abzuwenden.»

Und er sprach: «Der Mensch hat diese Mächte
der Zerstörung geschaffen,
er hat sie aus seinem eigenen Geist hervorgebracht.
Er hat sein Antlitz von den Engeln
des Himmelsvaters und der Erdenmutter abgewandt,
und er hat seine eigene Vernichtung bewirkt.»
Und ich sagte: «Dann gibt es keine Hoffnung,
strahlender Engel?»
Ein flammendes Licht entströmte, einem Fluß gleich,
seinen Händen, als er antwortete:
«Es gibt immer Hoffnung,
o du, für den Himmel und Erde geschaffen wurden.»

Und dann hob der Engel,
der auf dem Meer und der Erde stand,
seine Hand zum Himmel empor
und schwor bei Ihm, der immer und ewig lebt,
der den Himmel schuf und alle Dinge, die in ihm sind,
und das Meer und alle Dinge darinnen,
daß nicht mehr viel Zeit sei.

Aber am Tage, wo der siebte Engel zu blasen beginne,
solle das Gottesgeheimnis allen jenen enthüllt werden,
die vom Baum des Lebens gegessen haben,
der für immer im Meer der Ewigkeit steht.
Und die Stimme sprach wieder und sagte:
«Geh hin und nimm das Buch,
das offen in der Hand des Engels liegt,
der auf dem Meer und der Erde steht.»

Und ich ging zum Engel und sprach zu ihm:
«Gib mir das Buch, denn ich will vom Lebensbaum essen,
der inmitten des Ewigen Meeres steht.»
Und der Engel gab mir das Buch.
Und ich öffnete es und las darin,
was immer gewesen war, was jetzt war
und was sein würde.

Ich sah den Holocaust,
der die Erde verschlingen würde,
und die große Zerstörung, die ihr ganzes Volk
in einem Meer von Blut ertränken würde.
Und ich sah auch des Menschen Unsterblichkeit
und die grenzenlose Gnade des Allmächtigen.
Die Seelen der Menschen waren wie leere Buchseiten,
immer bereit, daß ein neues Lied auf sie geschrieben werde.

Und ich hob meine Augen
zu den sieben Engeln der Erdenmutter
und zu den sieben Engeln des Himmelsvaters.
Und ich fühlte meine Füße die heilige Stirn
der Erdenmutter berühren
und meine Finger die heiligen Füße
des Himmelsvaters,
und ich brachte eine Dankeshymne hervor:
«Ich danke dir, Himmlischer Vater,
daß du mich zur Quelle
fließender Ströme gebracht hast,

zu einem lebendigem Springbrunnen in dürrem Land,
der einen unendlichen Garten der Wunder bewässert,
den Lebensbaum, das höchste Geheimnis,
der unaufhörlich in ewigem Wachstum
neue Zweige austreibt,
die ihre Wurzeln in den aus ewiger Quelle
fließenden Lebensstrom senken.
Und du, Himmlischer Vater, beschütze ihre Früchte
mit den Engeln des Tages und der Nacht
und mit Flammen ewigen Lichts,
die überall brennen.»

Aber die Stimme sprach wieder,
und meine Augen wurden wieder
vom Glanze des Lichtreichs abgelenkt.
«Sei auf der Hut, o Mensch!
Du magst den rechten Weg betreten
und im Bund mit den Engeln leben;
du magst von der Erdenmutter singen bei Tag
und vom Himmelsvater bei Nacht,
und durch dein Wesen mag der goldene Strom
des Göttlichen Gesetzes fließen:
Aber willst du deine Brüder
in die klaffenden Abgründe von Blut hineinstürzen lassen,
wenn die schmerzgequälte Erde
unter ihren steinernen Ketten schaudert und stöhnt?
Kannst du aus dem Becher des ewigen Lebens trinken,
wenn deine Brüder vor Durst sterben?»

Und mein Herz wurde von Mitleid schwer.
Und ich schaute mich um, und siehe,
da erschien etwas Wunderbares am Himmel:
Eine Frau, mit der Sonne bekleidet,
und unter ihren Füßen den Mond,
auf dem Kopf eine Krone von sieben Sternen.
Und ich wußte, sie war die Quelle fließender Ströme
und die Mutter der Wälder.

Und ich stand auf dem Sande am Meer
und sah ein wildes Tier aus dem Meer auftauchen.
Und aus seinen Nüstern wehte ekle, stinkende Luft,
und wo es sich aus dem Meer hob,
wurde das klare Wasser zu Schlamm,
und sein Körper war wie mit schwarzer,
dampfender Lava bedeckt.
Und die mit der Sonne bekleidete Frau
streckte ihre Arme zum Tier aus,
und das Tier kam nahe und umarmte sie.
Und siehe, ihre Perlenhaut welkte
unter seinem stinkenden Atem, und ihr Rücken zerbrach
unter dem Druck seiner Felsenarme,
und voll blutender Wunden
sank sie hinein in den Schlammpfuhl.
Und aus dem Maule des Tieres
strömten Heere von Männern,
Schwerterschwingend und einer den anderen
bekämpfend.
Und sie kämpften mit furchtbarer Wut,

und sie hieben ihre eigenen Glieder ab
und rissen sich die Augen aus,
und sie brüllten vor Schmerz und Todesangst,
bis die Grube von Schlamm sie verschlang.

Und ich schritt zum Rande des Pfuhles
und ich streckte meine Hand hinunter,
und ich sah hinein in den wirbelnden Mahlstrom von Blut,
und ich sah die Menschen darinnen,
gefangen wie Fliegen im Netz.
Und ich rief mit lauter Stimme und sagte:
«Brüder, laßt fallen die Schwerter und ergreift meine Hand.
Laßt dies Beschmutzen und Schänden derer,
die euch geboren hat,
und dessen, der euch euer Erbe gab.
Denn eure Tage des Kaufens und Verkaufens sind vorbei
und vorbei auch die Tage des Jagens und Tötens.
Wer in die Gefangenschaft führt,
soll selbst in die Gefangenschaft gehen;
und wer mit dem Schwerte tötet,
soll vom Schwerte getötet werden.
Und die Händler der Erde werden weinen und jammern,
denn niemand kauft ihre Waren mehr,
die Händler von Gold und Silber und kostbaren Steinen,
von Perlen, feinem Leinen, Purpur,
Seiden und Scharlachgewändern,
von Marmor und wilden Tieren und Schafen und

Pferden, von Wagen und Sklaven und Menschenseelen.
All diese Dinge könnt ihr weder kaufen noch verkaufen,
denn alles schwimmt in einem Meer von Blut,
weil ihr eurem Vater und eurer Mutter
den Rücken zugewandt
und das Tier angebetet habt,
das ein Paradies aus Stein bauen wollte.
Laßt eure Schwerter fallen und ergreift meine Hand.»

Und als unsere Finger sich faßten,
sah ich in der Ferne eine große Stadt,
weiß und schimmernd am fernen Himmelsrand,
durchscheinendes Alabaster.
Und es gab Geschrei und Donnern und Blitzen
und ein großes Erdbeben, wie die Erde es
seit Menschengedenken noch nicht erlebt hatte,
ein so großes und mächtiges Beben.
Und die große Stadt wurde in drei Teile geteilt,
und die Hauptstädte der Nationen fielen.
Und Gott erinnerte sich der großen Stadt
und ließ auf sie den Leidenskelch
der Wildheit seines Zornes fallen.
Und jede Insel verschwand,
und man fand die Berge nicht mehr,
und es fiel auf die Menschen vom Himmel ein großer
Hagel,
jeder Stein schwer wie ein Pfund.
Und ein starker Engel hob einen Stein,
der einem großen Mühlstein glich, hoch

und warf ihn ins Meer und sagte:
«So soll mit Gewalt
die große Stadt niedergeworfen werden,
und niemand soll sie mehr finden.
Und die Stimmen der Harfner und Musikanten und Pfeifer,
der Sänger und Trompetenbläser
sollen nie mehr in dir ertönen;
und einen Künstler, was auch seine Kunst sein mag,
soll niemand mehr in dir finden;
und den Klang eines Mühlsteins
soll niemand mehr in dir hören,
und das Licht einer Kerze soll
niemals mehr in dir scheinen,
und die Stimmen von Braut und Bräutigam
sollen nie mehr in dir gehört werden.
Denn deine Kaufleute waren die großen Männer der Erde,
und durch deine Zaubereien wurden alle Völker betrogen.
Und in ihr fand man das Blut von Propheten und Heiligen
und aller, die auf Erden erschlagen wurden.»

Und meine Brüder erfaßten meine Hand,
und sie kämpften sich hoch aus dem Schlammpfuhl
und standen verwirrt auf dem Sandmeer.
Und die Himmel öffneten sich
und wuschen ihre nackten Körper mit Regen.

Und ich hörte eine Stimme vom Himmel,
die klang wie das Rauschen von Wasserfällen
und wie Donnergetöse.
Und ich hörte den Ton von Harfenklängen,
die klangen wie ein neues Lied vor dem Thron.

Und ich sah noch einen Engel
inmitten des Himmels fliegen,
mit den Gesängen des Tages und der Nacht,
und das ewige Evangelium denen predigen,
die auf Erden wohnen,
denen, die aus der Schlammgrube stiegen
und vom Regen gewaschen
und nackt vor dem Thron standen.
Und der Engel rief: «Fürchtet Gott und rühmet ihn,
denn die Stunde seines Gerichts ist gekommen,
und verehrt ihn, der Himmel und Erde gemacht hat
und das Meer und die Brunnen voll Wasser!»

Und ich sah den Himmel offen
und erblickte ein weißes Pferd,
und der auf ihm saß, wurde treu und wahr genannt,
und in Gerechtigkeit urteilte er.
Seine Augen glichen Feuerflammen,
und auf seinem Haupt saßen viele Kronen,
und er war in strahlendes Licht gekleidet,
und seine Füße waren bloß.
Und sein Name heißt «Wort Gottes».
Und die Heilige Bruderschaft folgte ihm

auf weißen Rössern,
in feines Leinen gekleidet, weiß und sauber.
Und sie kamen in den ewigen Unendlichen Garten,
in dessen Mitte der Lebensbaum stand.

Und die regengewaschenen nackten Haufen
traten vor sie hin,
um zitternd das Urteil zu hören.
Denn sie waren voller Sünde,
sie hatten die Erde beschmutzt, ja, sie hatten
die Geschöpfe von Land und Meer vernichtet,
den Boden vergiftet, die Luft verpestet
und die Mutter, die sie geboren hatte,
lebendig begraben.

Aber ich sah nicht, was ihnen geschah,
denn meine Vision änderte sich.
Und ich sah einen neuen Himmel und eine neue Erde:
Denn der erste Himmel und die erste Erde
waren nicht mehr, und es gab keine See mehr.
Und ich sah die Heilige Stadt der Bruderschaft
von Gott aus dem Himmel herabkommen,
wie eine Braut vorbereitet,
für den Bräutigam geschmückt.
Und ich hörte eine mächtige Stimme
vom Himmel herabtönen:
«Siehe, Gottes mächtiges Haus
ist auf den Gipfel der Berge errichtet,
hoch über den Hügeln erhoben.

Und alles Volk soll hinaufströmen.
Kommt und laßt uns zum Berg des Herrn hinaufsteigen,
zum Haus Gottes.
Und er wird uns seinen Weg lehren,
und wir werden auf seinen Pfaden wandeln,
denn aus der Heiligen Bruderschaft
wird das Gesetz hervorgehen.
Siehe, das Heiligtum Gottes ist bei den Menschen.
Er wird bei ihnen wohnen,
und sie werden sein Volk sein.
Und Gott selbst wird bei ihnen sein und ihr Gott sein.
Und Gott wird alle Tränen aus ihren Augen fortwischen,
und es soll keinen Tod mehr geben,
keinen Kummer, keine Tränen, keine Schmerzen.
Denn alles Vergangene ist ausgelöscht.

Jene, die Krieg machten,
sollen aus ihren Schwertern Pflugschare schmieden
und aus ihren Speeren Gartenmesser.
Kein Volk soll sein Schwert mehr
gegen ein anderes erheben,
noch sollen sie mehr Kriegskunst erlernen,
denn die vergangenen Dinge sind ausgelöscht.»
Und er sprach weiter:
«Siehe, ich mache alle Dinge neu.
Ich bin Alpha und Omega, der Anfang und das Ende.
Ich will dem, der durstig ist,
freigebig aus dem Brunnen
das Wasser des Lebens ausschenken.

Der, der überwindet, soll alle Dinge erben,
und ich will sein Gott sein,
und er soll mein Sohn sein.
Aber die, die sich fürchten und nicht glauben,
und die Verabscheuungswürdigen
und Mörder und alle Lügner
sollen ihre eigene Grube graben,
in der Feuer und Schwefel brennen.»

Und wieder veränderte sich meine Vision,
und ich hörte die Stimmen der Heiligen Bruderschaft
im Gesang erhoben, der so klang:
«Kommt und laßt uns im Lichte des Gesetzes leben.»
Und ich sah die Heilige Stadt,
und die Brüder strömten hinein.
Und die Stadt brauchte nicht Sonne, noch Mond,
denn die Herrlichkeit Gottes erleuchtete sie.
Und ich sah den reinen Fluß des Lebenswassers,
klar wie Kristall aus dem Thron Gottes hervorquellen,
und inmitten des Flusses stand der Lebensbaum,
der vierzehn Arten von Früchten trug
und denen anbot, die danach verlangten.
Und die Blätter des Baums sollten die Völker heilen,
und es gab keine Nacht mehr,
und sie brauchten keine Kerze mehr, noch das
Sonnenlicht,
denn der Herr gab ihnen Licht:
Und sie herrschten für immer und ewig.

Ich habe dich, innere Schau, erreicht
und durch deinen Geist in mir
dein wunderbares Geheimnis erfahren.
Durch deine mystische Einsicht
hast du einen Quell der Weisheit
in mir aufspringen lassen,
einen Springbrunnen von Kraft,
aus dem lebendiges Wasser hervorquillt,
ein Strom von Liebe und allumfassender Weisheit,
gleich dem Glanz des Ewigen Lichtes.

Some Books in English by EDMOND BORDEAUX SZEKELY

THE ESSENE WAY—BIOGENIC LIVING.	
The Essene Biogenic Encyclopedia.	US $8.80
THE ESSENE WAY—BIOGENIC LIVING. Hard Cover Limited Edition.	12.95
THE ESSENE GOSPEL OF PEACE, BOOK ONE. 1 Million Copies, 23 Languages	1.00
ESSENE GOSPEL OF PEACE, BOOK 2: The Unknown Books of the Essenes.	7.50
ESSENE GOSPE L OF PEACE, BOOK 3: Lost Scrolls of the Essene Brotherhood.	7.50
ESSENE GOSPEL OF PEACE, BOOK 4: The Teachings of the Elect.	5.95
DISCOVERY OF THE ESSENE GOSPEL OF PEACE. The Essenes & the Vatican.	5.95
THE ESSENE BOOK OF ASHA: JOURNEY TO THE COSMIC OCEAN.	7.50
SEARCH FOR THE AGELESS, I: My Unusual Adventures on Five Continents.	7.80
SEARCH FOR THE AGELESS, II: The Great Experiment.	8.80
SEARCH FOR THE AGELESS, III: The Chemistry of Youth.	7.50
THE TENDER TOUCH: BIOGENIC FULFILLMENT.	5.50
THE BIOGENIC REVOLUTION.	
The 1977 International Essene Biogenic Seminar.	9.50
THE FIRST ESSENE. Dr. Szekely's Last, Unforgettable Seminar (1979).	9.50
BIOGENIC REDUCING. The Wonder Week.	4 50
THE ESSENE BOOK OF CREATION. Light on the Mystery of Mysteries.	4.50
THE ORIGIN OF LIFE. A Panoramic History of the Known and the Unknown.	7.50
TEACHINGS OF THE ESSENES FROM ENOCH	
TO THE DEAD SEA SCROLLS.	5.95
THE ESSENE JESUS. Revaluation of the Latest Essene Master and his Teachings.	5.95
THE ZEND AVESTA OF ZARATHUSTRA. Powerful Universal Masterpiece.	5.95
ARCHEOSOPHY, A NEW SCIENCE. The Beginning of the Beginnings.	5.95
THE ESSENE ORIGINS OF CHRISTIANITY. 100 Facts and 200 Fallacies.	8.50
THE ESSENES, BY JOSEPHUS AND HIS CONTEMPORARIES.	3.50
THE ESSENE TEACHINGS OF ZARATHUSTRA.	
Immortal Legend of theWheat.	3.50
THE ESSENE SCIENCE OF LIFE.	
Companion Book to the Essene Gospel of Peace.	3.50
THE ESSENE CODE OF LIFE. The Natural and Cosmic Laws.	3.50
ESSENE COMMUNIONS WITH THE INFINITE. Holy Life, Sound, and Light.	4.50
THE ESSENE SCIENCE OF FASTING AND THE ART OF SOBRIETY.	3.50
COSMOTHERAPY OF THE ESSENES. Unity of Man, Nature and the Universe.	3.50
THE LIVING BUDDHA. A Comparative Study of Buddha and Yoga.	5.95
SIDDARTHA, THE PILGRIM.	
Dynamic Spiritual Revelation, set in Ancient India.	2.95
PILGRIM OF THE HIMALAYAS. The Discovery of Tibetan Buddhism.	3.50
TOWARD THE CONQUEST OF THE INNER COSMOS.	6.80
FATHER, GIVE US ANOTHER CHANCE. Survival Through Creative Simplicity	6.80